FABIO GALETTO

DA TIMIDO A VINCENTE

Guida Pratica per Eliminare le Insicurezze Quotidiane

Titolo
"DA TIMIDO A VINCENTE"

Autore
Fabio Galetto

Editore
Bruno Editore

Sito internet
www.brunoeditore.it

Sommario

INTRODUZIONE

Il mio personale benvenuto alla guida che risolverà definitivamente i tuoi inconvenienti quotidiani legati alla timidezza! Stai per leggere un manuale pratico che ti aprirà nuovi orizzonti mentali e in breve tempo, grazie a moltissimi esempi pratici da applicare nella vita quotidiana, ti donerà entusiasmo e fiducia in tutto ciò che la vita ti offre! Sia che tu ti ritenga timido o semplicemente timoroso e indeciso preparati a giovare di un nuovo slancio emotivo e mentale che ti consentirà di rafforzare la tua identità!

Chi non è beneficiato da un carattere determinato viene facilmente etichettato come una persona asociale per la quale non avere molta considerazione. A sua volta chi risente di questo trattamento sarà gravato dal peso di un giudizio sbagliato da parte degli altri e come conseguenza tenderà sempre più a chiudersi nel proprio guscio. Alla base di tutto c'è una scarsa autostima e una forte paura di essere giudicati negativamente. Lo scopo di questo manuale non è scavare nelle motivazioni che ti spingono a non avere un carattere volitivo bensì a risolvere velocemente, e in soli sette giorni, tutte quelle piccole cose che con il passare del tempo si sono ingigantite senza motivo creandoti conflitti interiori e tensioni.

Non sei l'unico a esitare davanti all'imprevisto. È purtroppo una caratteristica sociale che si sta diffondendo a macchia d'olio. Le ragioni risiedono nella società che sta ovunque e ci chiede continuamente reazioni rapide. Reazioni che per chi non è in grado di fornire ci relegano all'istante a posizioni di secondo piano o terzo piano.

La speranza che ognuno di noi ripone quando acquista un manuale si riassume in poche parole: "Speriamo che mi aiuti a migliorare". Ti rispondo subito di sì e ti dimostro subito come faccio a esserne così sicuro. Recentemente mi sono chiesto quanto dovrei spendere se volessi risolvere la mia ex timidezza rivolgendomi a un centro specializzato. I corsi si aggirano mediamente sui 300 euro! Senza contare che sono presenti sul territorio nazionale anche delle strutture specializzate che si occupano proprio della timidezza utilizzando nuovissimi farmaci che mitigano l'apprensione e l'indecisione. Concorderai con me che per un corso sulla timidezza sarebbe una cifra veramente troppo alta e che non fornirebbe delle garanzie.

Entreresti in contatto essenzialmente con psicologi che tratterebbero l'argomento da un punto di vista professionale ma ovviamente distaccato. Saprebbero spiegarti nel dettaglio le reazioni chimiche che generano la timidezza e l'indecisione e ti darebbero un mare di indicazioni e consigli da applicare alla tua vita quotidiana.

Torneresti a casa soddisfatto con un bloc-notes pieno di appunti e magari anche una bella dispensa riassuntiva del corso. Naturalmente se hai frequentato il corso è proprio perché sei insicuro ed è quindi evidente che ti perderesti d'animo al primo dubbio o inconveniente vanificando tempo e soldi investiti. In seguito potresti frequentare un altro corso pensando che il primo non fosse quello giusto per poi ripetere di nuovo la trafila da capo. Un vero disastro per il morale e anche per il povero portafoglio. Questo manuale invece è frutto delle mie esperienze di ex super timido. In passato vicissitudini familiari si sono concretizzate in continui traslochi da una regione all'altra traghettandomi sulla soglia dei 19 anni con un carattere molto ermetico dal quale sono uscito solo grazie alle mie esperienze e alla forza di volontà.

Come dimostrarti che il mio carattere sia veramente cambiato? Se stai leggendo questo manuale significa che ho dovuto prendere contatti con un editore, che ho dovuto discutere sui contenuti e che ho dovuto riscrivere le parti che non lo convincevano. E poi ho dovuto colloquiare con grafici, redattori, marketing, uffici stampa. Dopo la pubblicazione avrò ricevuto critiche ed elogi.

Avrò ricevuto i commenti di colleghi e di amici che avranno rinunciato alla facile opportunità di battute pungenti. Qualcuno mi avrà anche fermato per strada per parlare del mio libro. Insomma un timido non potrebbe sopportare nemmeno mentalmente tutte queste pressioni! Ti fornirò solo esercizi pratici e semplici che ho provato in prima persona per molti anni! Il tuo impegno e la tua determinazione uniti alle giuste strategie ti faranno ottenere rapidamente grossi risultati. Preparati al cambiamento! Prima di iniziare una preziosa raccomandazione.

La televisione ci ha abituati allo scorrere delle notizie. È una procedura passiva alla quale ci siamo inconsciamente adeguati. Le statistiche parlano chiaro. Dalla televisione apprendiamo notizie utili che sono dimenticate nell'arco di 45 secondi perché il nostro cervello si è assuefatto al fiume di informazioni che scorre senza tregua.

Questo non è un video al plasma di ultima generazione, è un manuale! Evidenzia tutte le parti che ti colpiranno profondamente. Se hai dubbi o idee prendine nota! Quando arriverai alla fine del manuale ti assicuro che tornerai a rileggere alcuni brani e le parti evidenziate o annotate ti aiuteranno a identificare subito i punti cruciali. Buona lettura!

Giorno 1:
COME OSSERVARE E OTTENERE SENZA AGIRE

In questa prima parte apprenderai due cose fondamentali. Una di queste è imparare a osservare. Potrà sembrarti un semplice beneficio periferico ma scoprirai presto che è invece un notevole vantaggio sapere osservare bene. La seconda sezione è dedicata all'introduzione al Metodo per Ottenere dei Risultati senza Agire con il primo esercizio pratico.

Rimarrai stupefatto dalla potenza di questo metodo e potrai anche chiederti quale sia lo strano motivo che ti ha impedito di pensarci prima d'ora (è successo anche a me quando ho scoperto come usarlo in modo proficuo). Partiamo al primo punto: Imparare a osservare. Pensi che non ci sia differenza tra osservare e guardare? Prova a dirlo a un astronomo! La chiave di lettura ce la fornisce proprio il suo mestiere e la sua passione per le stelle. C'è una grossa differenza tra il dare uno sguardo a qualcosa limitandosi a guardarla oppure osservarla per comprenderla veramente. Noi che non siamo astronomi diamo per scontato il cielo solo perché si trova perennemente sopra le nostre teste. Per chi ha appena comprato un telescopio invece il cielo è un mondo nuovo tutto da scoprire dove troverà pianeti, galassie, stelle e nebulose. Proseguendo nell'esempio del cielo pensa ai metereologi mentre la terra che calpestiamo è fonte di estremo interesse per geologi e botanici.

Un esercizio pratico. Guardati intorno e conta tutti gli oggetti rossi che vedi. Adesso chiudi gli occhi ed elencali e quando avrai terminato riprendi a leggere… Fatto? Te li sarai ricordati tutti o quasi tutti. Adesso voglio che tu mi elenchi gli oggetti verdi! Non li sai vero? È successo che quando ti sei guardato intorno il tuo cervello ha filtrato ciò che vedeva escludendo tutto tranne gli oggetti rossi!

A questo punto avrai compreso che osservare è fondamentale per capire. I bambini guardano, gli adulti osservano. Il problema è che spesso gli adulti si limitano a guardare per pigrizia o più banalmente per disinteresse. D'ora in poi imparerai a osservare perché come ti ho già spiegato si può guardare una cosa mille volte senza capirla e invece osservarla un paio di volte e comprenderla a fondo.

Regola 1: Tutti Guardano ma pochissimi Osservano. Se vuoi migliorare "costantemente" il tuo stato mentale devi educarti a osservare.

Associato al basilare concetto di Osservare troviamo la Tecnica per Ottenere dei Risultati Immediati senza Agire. Infatti il primo blocco mentale per qualsiasi persona è legato al concetto di "Agire". Si tratta dei Muri del Pensiero.

Immagina di camminare in strada e vedere improvvisamente un muro che ti sbarra il percorso. Invece di scavalcarlo con vigore ti arrampichi con prudenza e goffaggine. Sbirci dall'altra parte, ci ripensi e scendi senza scavalcarlo, ci ripensi nuovamente e ti arrampichi ma non ti lasci cadere rimanendo appeso perché ti assale il dubbio che non potrai più tornare indietro. Infine decidi di tornare al punto di partenza e cerchi di superare il muro aggirandolo. E se fosse una muraglia cinese? In tutto questo tempo è aumentato il nervosismo, non è stata presa una decisione definitiva e manca la soluzione. Il paradosso risiede nel fatto che il timido o l'insicuro non è soddisfatto della propria vita ma contemporaneamente teme di abbandonare il suo stile di vita perché è l'unico che conosce e nel quale si muove con sicurezza. Ragionavo anche io così prima di usare le giuste strategie! Con esse e la tua determinazione supererai agevolmente il muro e proseguirai per la tua strada!

Nel mio passato di ex timido i miei amici più cari si sono sentiti in dovere di darmi consigli sui metodi che avrei dovuto adottare per superare la timidezza e "abbattere" i Muri del Pensiero. Adesso capisco che i veri timidi erano loro ma ai tempi ho ascoltato tutti i loro consigli che, pur se elargiti in buona fede, risultavano ovviamente inapplicabili perché troppo semplicistici.

Quello che devi capire è che essere determinati non significa essere aggressivi. Non siamo nella giungla, dove regna il più forte. Nel mondo animale chi domina deve necessariamente imporsi con la forza. E deve confermarla perché in caso contrario perderà la leadership a vantaggio del nuovo arrivato che avrà dimostrato di possederne di più. La televisione e la stampa ci impongono costantemente questo modello. Chi si agita e alza la voce otterrà tutto ciò che vuole. Agli altri resterà solo la scelta di adeguarsi e obbedire.

È come remare controcorrente. Perché devi faticare come un pazzo per abbattere il muro quando con le giuste tecniche e la tua volontà puoi scavalcarlo agevolmente?

Regola 2: Essere un Vincente non equivale a diventare uno schiacciasassi. Essere leale ti consentirà di godere pienamente dei risultati che otterrai.

Il metodo per Ottenere senza Agire introduce un concetto innovativo. Si può ottenere qualcosa anche senza fare nulla. Pensi di no? Eccoti il primo esempio. Hai un guasto alla macchina. A chi non è mai capitato? È una fatalità, alcuni la definiscono la legge del caos. In tuo soccorso arrivano i provvidenziali mezzi pubblici. Hai molto tempo prima dell'arrivo del tram e arrivi 10 minuti in anticipo ed è un bene perché il prossimo ripasserà tra un'ora. Ti dirigi alla fermata dove aspettano altre persone e ti siedi ad attendere sulla panchina leggendo il giornale. Dopo 10 minuti puntuale come un orologio svizzero vedi arrivare il tram. Tu continuando a leggere il giornale lo guardi fermarsi con la coda dell'occhio, si aprono i portelloni, qualcuno scende, altra gente sale, si chiudono i portelloni e il tram riparte verso la prossima fermata.

Hai perso il tram! Eri arrivato in anticipo e la fermata era quella giusta ma non è stato sufficiente. Guardando la scena dal tuo punto di vista è successo questo: non ti sei mosso e lo hai perso. Ma sei proprio sicuro che non sia accaduto qualcos'altro? Ti insegnerò a osservare gli eventi da una nuova e più attiva prospettiva.

Tanto per cominciare sbarazzati una volta per tutte del concetto che l'immobilità sia sinonimo di staticità. Se vogliamo essere naturalisti ti dirò che se improvvisamente ti immobilizzassi per un minuto intorno a te la terra continuerebbe la sua rotazione dal giorno alla notte pertanto qualcosa succederebbe ugualmente indipendentemente dalla tua volontà. Se invece vogliamo essere tecnologici sappi che se davanti al computer non eseguissi nessuna operazione e ti limitassi a guardarlo in realtà il computer starebbe eseguendo centinaia di volte al secondo lo stesso ripetitivo comando. Infatti ogni computer è programmato per intercettare all'istante un tuo pigiare sulla tastiera oppure un tuo movimento sul mouse. Torniamo al tram e a osservare come la gente ha reagito alla tua apparente staticità:

1) L'autista del tram ti ha visto è avrà pensato che il tram che dovevi prendere fosse quello successivo. In realtà pur sapendo che il prossimo sarebbe passato dopo un'ora ha deciso di non chiederti conferma nonostante fosse cosciente che avrebbe potuto arrecarti un danno con il suo disinteresse.

2) Le persone che attendevano con te avranno pensato che forse ti eri seduto solo per leggere il giornale. O forse poco convinte di questa loro giustificazione avranno pensato che hai perso il tram perché eri distratto e quindi la prossima volta farai leva sulle tue esperienze e sarai più attento.

Come vedi la tua apparente inazione ha generato azioni e decisioni nelle persone che ti circondavano. Da bambini la mente ha fissato il concetto di “azione = mobilità” e la scuola lo ha definitivamente cristallizzato. Da adulti è difficile riuscire la differenza consciamente. È probabile che si percepisca ma pochi riescono a identificarla e isolarla. Tra breve lo potrai fare anche tu!

Regola 3: Il mondo si muove anche se stai immobile. Tutti i giorni ti accade qualcosa anche se ti sembra che non sia successo nulla.

Tornando al nostro esempio del tram abbiamo capito la differenza tra guardare una scena o osservare la stessa scena con un’apertura mentale molto più ampia. All’inizio di questo Giorno ti ho parlato del metodo per Ottenere Risultati senza Agire. Pensi che sia applicabile all’esempio del tram?

Difficilmente avrai una risposta pronta anche se sono convinto che qualche idea indefinita tu ce l’abbia già proprio perché stai imparando a ragionare con una metodologia nuova. In realtà se fossimo seduti su quella panchina potremmo Ottenere senza

Agire parecchie cose tra cui le prime due che mi sono venute in mente adesso:

1) Chi lo dice che io abbia perso involontariamente il tram? Ribaltiamo la situazione. In realtà io volevo proprio rimanere fermo in quella posizione perché sono un giornalista di cronaca bianca inviato dalla mia redazione a testare le reazioni delle persone. Sto scrivendo un articolo sulla diffusione dell'indifferenza della gente nei confronti delle persone che ci circondano.

Devo raccogliere del materiale per il mio articolo e ho pensato di recarmi alla fermata, perdere volontariamente il tram per osservare quante persone si sarebbero preoccupate di avvisarmi e quante invece si sarebbero disinteressate di me. Come vedi ho Ottenuto Senza Agire. Ho raccolto materiale, tornerò in ufficio, scriverò il mio articolo e guadagnerò sulla sua pubblicazione

2) Ancora una volta ti dico chi lo dice che io abbia perso involontariamente il tram? Io volevo rimanere fermo a leggere il giornale perché sono un addetto al controllo qualità della società

Tranvieri. In questi anni le società si sono sempre più sensibilizzate sulla soddisfazione dei propri clienti perché un cliente insoddisfatto lo si perde definitivamente a causa della grossa concorrenza e competitività in tutti i settori. Non è un caso che in tutte le grosse aziende sia comparso il servizio di Customer Care.

Il tranviere non si è curato di me pur essendo cosciente che il prossimo tram sarebbe passato dopo un'ora. Quando ritornerò nel mio ufficio redigerò un rapporto nel quale evidenzierò che nella formazione dei nuovi tranvieri sarà opportuno indicare nuove linee di comportamento che stabiliscano un rapporto meno distaccato con il cliente. Come vedi ancora una volta ho Ottenuto Senza Agire

Sono convinto che rispetto a qualche pagina fa il tuo modo di valutare le situazioni abbia subito un sostanziale cambio di direzione. Prova a ricordare come immaginavi qualche minuto fa la scena del tram e come invece la visualizzi adesso. Per rafforzare il concetto e comprenderlo a fondo, eccoti un altro esempio. Ho terminato la pasta e la spesa al supermercato è programmata fra tre giorni. Devo necessariamente rivolgermi al negozio di alimentari che ho sotto casa. Fa parte di una catena di negozi di gastronomia, non è come andare al centro commerciale ma ho fretta e mi accontento. Entro ma ci sono altre tre persone e attendo pazientemente il mio turno.

Non sono un gran chiacchierone pertanto ti limito a chiedere due pacchi di pasta da un chilo e un vasetto di sugo al pomodoro. Il titolare mi dice quanto devo pagare, metto mano al portafoglio e lo pago. Il titolare apre il registratore di cassa e ripone i soldi senza battere lo scontrino (non ha importanza trattandosi di un piccolo importo e perlopiù non coperto da garanzia come ad esempio un elettrodomestico), ci salutiamo ed esco con i miei acquisti.

Questo esempio ti è già molto chiaro vero? Stai già cominciando a ragionare diversamente. Ti sei immaginato la scena ma non ti sei limitato a guardarla bensì a osservarla. Stai cercando di capire quale sia la differenza tra quello che è accaduto apparentemente e quello che è accaduto realmente. Probabilmente relativamente a questo esempio hai già capito quali sono le applicazioni dell'

Ottenere senza Agire! Infatti io non sono un semplice acquirente bensì un pubblico ufficiale addetto all'identificazione di potenziali evasori fiscali. Sono entrato in negozio proprio per valutare se il titolare emettesse gli scontrini.

Davanti a me avevo tre persone pertanto ho avuto la possibilità su capire su quattro persone (incluso me stesso) quanto il titolare evadesse le tasse. Uscendo dal negozio non sono tornato a casa bensì in ufficio, dove redigerò rapporto su quanto ho appreso. In questo ultimo esempio hai capito nuovamente la differenza tra osservare/guardare e Ottenere senza Agire. Inseriamo una variante. Entro nello stesso negozio che fa parte di una catena gastronomica.

Attendo pazientemente il mio turno senza parlare, compro gli stessi prodotti, pago l'importo dovuto e questa volta il titolare mi stampa lo scontrino (come ha già fatto con tutti gli altri che mi hanno preceduto), ci salutiamo ed esco con i miei acquisti andando a casa. Ottenere senza Agire. Non ho fatto nulla di particolare perché il mio obiettivo era valutare come si comportava il titolare. Infatti appena arrivato a casa mi collego a internet, apro un sito e compilo un questionario. Sono quello che negli stati uniti è definito un Mystery Shopper. In Italia il mestiere è ancora agli albori ma negli stati uniti è diffusissimo. Le multinazionali affidano il loro marchio a dei gestori locali. Per verificare se svolgono bene il proprio lavoro pagano delle persone comuni per recarsi in negozio, acquistare dei prodotti (che saranno rimborsati), verificare la cortesia e la competenza del titolare, verificare se il titolare crea un rapporto con il cliente oppure si limita alla pura vendita.

In seguito devono collegarsi a dei siti specializzati, compilare dei questionari di valutazione del negozio e sono retribuiti per il tempo dedicato. Ancora una volta la mia apparente inazione ha generato tutta una serie di azioni nella persona che mi ha servito nonostante sembrassi un normalissimo cliente in coda, fermo e silenzioso.

Regola 4: Non è necessario manifestare un'azione per avere dei risultati. Il Metodo di Ottenere senza Agire insegna a ragionare in base ai Risultati e non alle Azioni.

Ora che hai appreso l'importanza di osservare e hai compreso che puoi ottenere delle reazioni anche senza che il tuo interlocutore ne sia cosciente, passeremo al primo esercizio pratico. Se nell'esempio del tram mi fossi qualificato come giornalista le reazioni di tutti i presenti sarebbero state tutte premeditate. Avrei raccolto del materiale totalmente inutile e non avrei ottenuto niente. Sarebbe come cercare di inchiodare la gelatina al muro. Tutto tempo sprecato.

Ognuno di noi ha quello che io definisco l'Adattamento dell'Attore. Sono pochissime le persone veramente naturali (forse su in isola semideserta ne troveremo una più alta percentuale). Se so di avere di fronte un giornalista cercherò di rendermi interessante, se avvisto un finanziere mi comporterò più correttamente.

La nostra mente identifica la persona che ci troviamo di fronte, associa le sue principali caratteristiche e si modella alle nuove esigenze. Se pensi che non sia vero pensa come ti comporteresti se ti trovassi davanti a un serial killer. Eviteresti in tutti i modi di farlo irritare! Ecco perché è importante comprendere a fondo il concetto di Osservare e di Agire. Se sei un timido o un indeciso, il tuo interlocutore se ne accorge istantaneamente, la sua mente si adatta immediatamente e i suoi comportamenti rifletteranno gli input inviati dal cervello.

Nella migliore delle ipotesi, se si tratta di una persona gentile si sforzerà di non metterti a disagio ottenendo l'effetto contrario. Si adatterà inconsciamente al nuovo comportamento senza la consueta naturalezza che può nascere solo dalle azioni spontanee. Nella peggiore delle ipotesi si sentirà molto più deciso di te e ti tratterà con sufficienza guardandoti dall'alto verso il basso.

In questa ottica imparerai a osservare come si comportano le persone per potere in seguito applicare le tue strategie "passando sotto al loro radar" riuscendo in sostanza a ottenere senza Agire (ma solo apparentemente come hai appena imparato).

Naturalmente se ti avessi fatto questo discorso fin dalle prime righe te ne saresti convinto ma non lo avresti capito e lo scopo di questo manuale sarebbe naufragato prima ancora del varo perché purtroppo comprendere un concetto non equivale ad assimilarlo.

Quindi il prossimo passo sarà mettere in pratica quanto hai assimilato per sfruttarlo a nostro favore. Il primo esercizio pratico imprimerà a fuoco questo concetto nelle tue esperienze. Ci dovrai dedicare solo pochi minuti e, indovina, non dovrai fare niente!

Ancora una volta serve solo la tua volontà e la giusta strategia! Per questo esercizio devi trovare un marciapiede sufficientemente ampio per consentire ad almeno due persone di camminare contemporaneamente e quindi senza l'obbligo di procedere in fila indiana. Non sarà difficile. Poi devi scegliere un momento della giornata in cui non ci deve essere una folla esagerata come nell'ora di punta bensì un po' di gente che cammina. Il tuo scopo? Devi fare in modo che le persone si scansino al tuo passaggio.

Se fossi un "guru della comunicazione" ti direi che per vincere le tue timidezze dovresti aprire il fiume di gente dicendo: "Ho fretta, scusate!" e procedere imperioso verso la folla. Pensi che sia esagerato? Allora non hai mai visto il promo che trasmettono su una tv satellitare dove è pubblicizzato un corso che grazie a un DVD promette di trasformarti in 24 ore da timido perdente a un macho schiacciasassi! Il nostro scopo sarà identico ma cerchiamo di attuarlo in un modo più sensato e produttivo. Trova il marciapiede. Devi poi camminare per pochi metri e fermarti esattamente al centro, prendi il cellulare e comincia a scrivere un sms. Mentre lo scrivi rivolgi la testa verso il basso per evitare distrazioni e cammina molto lentamente.

Osserverai con la coda dell'occhio che la gente inizierà a passare al tuo fianco. Apparentemente non stai facendo nulla ma in realtà stai suggerendo alle persone il comportamento da adottare. Nessuno può supporlo ma tu hai un preciso scopo da portare a compimento e lo stai facendo senza la gente se ne renda conto!

Puoi scrivere un sms di questo tipo: "Sto camminando lentamente per la strada, le persone mi vedono e mi aggirano. Le osservo con la coda dell'occhio. Sto mettendo in pratica il metodo di Ottenere Risultati senza Agire e funziona!". Salva il messaggio nelle bozze (non voglio fartelo inviare a te stesso facendoti spendere soldi inutili). Le probabilità che qualcuno ti chieda di spostarsi sono bassissime. Può trattarsi di un fattorino con un pacco molto ingombrante oppure una mamma con una carrozzina doppia per gemelli. A me è capitato addirittura che un bambino particolarmente vivace mi venisse quasi addosso e la mamma si è addirittura scusata! Questo esercizio è molto semplice ma dimostra una regola che devi sempre tenere a mente.

Una persona molto determinata è portata a ottenere quello che vuole grazie ad azioni irruente, che sfociano quasi nella sfida (ricorda l'esempio della giungla). Anche se i media cercano di suggerircelo non è il comportamento corretto perché non dimenticare che una sola scintilla può appiccare il fuoco.

Al contrario una persona timida e insicura non potrà mai comportarsi così perché è contro la sua natura e tenderà a rinunciare a molte cose. Cercherà di omologarsi all'uomo medio per sentirsi parte di un gruppo prestabilito. Anche questo comportamento è sbagliato perché così facendo si annulla progressivamente la propria personalità.

Una persona che si pone a metà tra le due precedenti figure è colui che ottiene ciò che si è prefissato senza esporsi in prima persona (massimo risultato con il minimo sforzo) e, cosa molto importante, senza sfruttare o mortificare gli altri.

Regola 5: Anche se un comportamento è adottato dalla maggioranza non significa che sia la via migliore. Il metodo di Ottenere senza Agire ti suggerisce Soluzioni più pratiche.

In questo primo giorno hai svolto un lavoro di capitale importanza perché hai dovuto capire e assimilare un concetto nuovo. Metti subito in pratica l'esercizio dell'sms! Oggi devi limitarti a questo senza farti assalire dalla voglia di leggere subito il Giorno successivo. Se fai fatica usa l'immagine mentale dei puzzle.

In ognuna delle mie sette lezioni immagina di ottenere un semplice puzzle da 30 pezzi. Lo completerai velocemente perché è composto da pochi pezzi e lo comprenderai a fondo perché è semplice ed efficace. Al termine di ogni puzzle ti rimarrà la sensazione piacevole del completamento senza fatica e stress. Ma se non rispetterai i tempi e leggerai il libro tutto di un fiato, ti ritroverai con 210 pezzi con i quali dovrai completare 7 puzzle contemporaneamente! Non è la stessa cosa vero?

Rispetta i tempi e approfittane per caricarti mentalmente godendo dei cambiamenti e assaporando i prossimi capitoli dove scoprirai ricchi esercizi pratici!

Riepilogo del Giorno 1:

Regola 1: Tutti Guardano ma pochissimi Osservano. Se vuoi migliorare "costantemente" il tuo stato mentale devi educarti a osservare.
Regola 2: Essere un Vincente non equivale a diventare uno schiacciasassi. Essere leale ti consentirà di godere pienamente dei risultati che otterrai.
Regola 3: Il mondo si muove anche se stai immobile. Tutti i giorni ti accade qualcosa anche se ti sembra che non sia successo nulla.
Regola 4: Non è necessario manifestare un'azione per avere dei risultati. Il Metodo Ottenere senza Agire insegna a ragionare in base ai Risultati e non alle Azioni.
Regola 5: Anche se un comportamento è adottato dalla maggioranza non significa che sia la via migliore. Il metodo di Ottenere senza Agire ti suggerisce Soluzioni più pratiche.

Esercizi: Fai subito la prova del cellulare. Non è sufficiente che tu abbia capito il concetto. Lo devi anche mettere in pratica!

Giorno 2:
IMPARA AD ARMONIZZARE LOOK E IMMAGINE

In questo secondo giorno affronterai, e risolverai, la questione del look e dell'immagine. Pensi che siano la stessa cosa? Assolutamente no, le differenze sono sostanziali. Anche tu, come me, ti sarai sentire dire decine di volte che: "I vestiti sono importanti perché sono il nostro personale biglietto da visita. Sono l'immagine della nostra anima, della nostra personalità e dei nostri gusti. La prima impressione è quella che conta".

È tutto corretto, ma deve essere associato ad altre variabili perché in caso contrario perde di significato e sortisce un tragico effetto a boomerang. Pensavi di guadagnarci e invece ti sei fatto un clamoroso autogol. Partiamo dal presupposto che se usiamo i vestiti del trisnonno saremo derisi da tutti, anche se ci sono delle eccezioni che legittimano pienamente questa stravaganza (gli artisti di strada per esempio). E al primo presupposto associamone pure un secondo perché se vestiamo elegante in spiaggia o sportivo a un evento molto formale saremmo inevitabilmente fuori contesto. Dopo queste doverose premesse passiamo a parlare del look (una volta si chiamava stile ma adeguiamoci ai tempi). Il look varia in continuazione ed è una continua alternanza delle mode che procede a ondate.

Si passa, ad esempio, dai capelli corti (anni 70) ai lunghi (anni 80) per ripassare ai corti e di nuovo ai lunghi in una sequenza interminabile. È come un anello che non ha inizio né fine. Per gli abiti è la stessa cosa perché siamo partiti con abiti stretti per poi passare nuovamente a quelli larghi e di nuovo a quelli stretti.

Tutto ciò per capire che è inutile perdere tempo e risorse nell'avere un look aggiornatissimo. Il timido e l'insicuro tendono a uniformarsi alla massa. Se hanno tutto ciò che ha la maggioranza si sentono parte di un gruppo e mentalmente più accettati. Il look è importante ma non dobbiamo farci stritolare da questa smania perché si tratta solo di un'astuta mossa commerciale. Se parli con gli anziani scoprirai che ai loro tempi era importantissima l'essenza della persona. Il look era legato al concetto principale di pulizia e decoro. Il consumismo ha trasformato il concetto modificando lentamente la nostra percezione. Non ci chiediamo più se siamo presentabili ma se siamo alla moda. Sono riusciti a spostare la nostra percezione dallo smisurato mondo esterno al nostro piccolissimo mondo interno.

È quindi ingiustificato lo stupore dei media quando scoprono che le nuove generazioni sono timide e impacciate (perché ricorda non sei solo ma sei in buonissima compagnia). Una volta solo la donna si preoccupava dell'estetica, ora anche l'uomo. Ho un amico che veste firmatissimo, ha un look esageratamente maschile.

Non conosco, concedimi il termine, uno più figo di lui. Purtroppo è anche timidissimo perché nonostante sia super aggiornato perde troppo tempo a migliorarsi esteticamente e non impegna mai del tempo per coordinare questo suo miglioramento con la sua personalità. Risultato: triste e demotivato nella vita, nelle relazioni, nel lavoro. Sono convinto che sarà capitato anche a te. Magari hai cambiato il taglio di capelli, hai rinnovato il guardaroba credendo di dare una svolta alla tua vita e invece nulla è cambiato tranne meno denaro a disposizione e tanto tempo sprecato. Perché non ha funzionato?

Se ci pensi esiste una stretta analogia tra questo discorso e le diete. Perché le diete non funzionano? Perché viene sempre considerato solo un aspetto. Dimagrire senza modificare il regime alimentare. Per ottenere i risultati in qualsiasi cosa è necessario armonizzare sempre due aspetti e non uno solo. Infatti in questo manuale stai imparando a osservare e Ottenere senza Agire. Il mio scopo di associare due aspetti non è casuale e adesso stai incominciando a comprenderlo. Ti citerò un esempio classico. Il Tao.

Il Tao è quel simbolo che tutti conosciamo rappresentato da un cerchio diviso in due parti uguali (una nera e una bianca). Per descrivere il Tao, si può usare un'analogia tratta dalla cultura cinese: immagina una persona che cammina su una strada, portando sulle spalle un fusto di bambù. Alle due estremità del bambù, sono appesi due secchi. I due secchi rappresentano lo Yin e lo Yang. Vale a dire i due aspetti di ogni cosa. Il Tao non è solo teoria, è soprattutto pratica. Luna e sole, notte e giorno, riposo e attività, femmina e maschio, destra e sinistra, nord e sud. Come vedi esistono sempre due aspetti che vanno armonizzati.

Io ti fornisco le tecniche per ribaltare la tua vita sociale e tu le stai affiancando alla tua volontà di cambiare le cose. Come vedi la duplicità è sempre presente. Seguendo questa logica quale aspetto andrà armonizzato con il look? L'apparenza. L'apparenza ci rappresenta ed è il riassunto della nostra personalità. Se per uscire dal guscio di timidezza si pensa che il primo passo sia cambiare il look si è completamente fuori strada.

Esistono persone che con un abbigliamento sportivo sono molto attraenti così come ce ne sono altre che sono attraenti solo quando le vediamo di sera vestite bene e curate nel minimo dettaglio. Pensa ai tuoi amici e ai tuoi colleghi.

Se vuoi altri esempi in questo secondo giorno osserva i passanti mentre sei fermo in macchina a un semaforo. Ma non ci avevano insegnato e ripetuto almeno mille volte che "l'apparenza inganna?". È vero per tutte quelle persone che guardano senza osservare. Prendiamo degli esempi eclatanti: le truffe. Proprio ieri su un telegiornale locale una signora veniva intervistata perché era stata derubata da un fasullo funzionario della agenzia delle entrate. A una precisa domanda dell'intervistatore la donna rispondeva che l'uomo era vestito elegantemente ma parlava molto rapidamente e evitava il suo sguardo.

Te lo immagini un funzionario del genere? Il mestiere che svolge un vero funzionario lo porta inevitabilmente a sviluppare un atteggiamento sicuro di chi sa di essere in una posizione predominante. La signora ha guardato senza osservare.

Poco tempo fa una mia amica stava dando dieci euro a un barbone per strada finché le ho fatto notare di non sprecare i suoi soldi. I barboni purtroppo esistono veramente ma non hanno le mani e le unghie curate! Aveva guardato senza osservare.

Tu ora stai imparando a osservare e sono convinto che cominci già a sentirti più sicuro nel valutare le cose perché non ti limiti a guardarle passivamente. Pertanto se vesti elegante ma hai una camminata ondeggiante perché sposti palesemente il peso da un piede all'altro il tuo look stonerà con l'apparenza. Se avrai una pettinatura con i capelli dritti e un look con occhiali scuri e vestiti da rapper ma hai una camminata lineare e rigida la tua apparenza stonerà con il tuo look. Amalgamare due aspetti è difficile quando li consideri separatamente ma diventa molto più semplice quando li valuti considerando una visione di insieme.

È come condire l'insalata. Quante volte hai clamorosamente sbagliato a condirla? Se ci pensi pochissime volte perché quando versi l'olio non ti limiti a versarlo pensando solo a quello ma lo dosi valutando le proporzioni con l'aceto che userai dopo. Come vedi non è difficile armonizzare due aspetti, è sufficiente avere una visione di insieme.

A questo punto sei pronto a rivedere il tuo look e l'apparenza perché hai capito che limitarsi a cambiare il proprio look isolandolo dall'apparenza può solo portare a un'ennesima bolla di sapone. Sarai soddisfatto per pochissimo tempo e poi inevitabilmente ti renderai conto che la visione d'insieme striderà a te e agli altri. Ti chiederai che cosa non abbia funzionato e cercherai nelle persone che ti circondano nuovi cambiamenti che apparentemente posano funzionare anche per te.

Regola 1: Devi sempre bilanciare due aspetti per raggiungere un equilibrio. Il corpo è simmetrico e anche gli obiettivi devono diventarlo.

Incominciamo con il rivedere l'apparenza. Per il momento ti limiterai a migliorarla efficacemente. In seguito e nei prossimi capitoli imparerai ad amplificarla per creare un mix esplosivo con il look. L'apparenza e il look sono concetti che si abbracciano per formare la "presenza". L'apparenza è basata fondamentalmente sul nostro stato fisico. Grassi o magri, alti o bassi. Queste sono le due macro-categorie principali. Il timido e l'indeciso sono spesso schiavi di questi disagi fisici. Lo ero anche io, finché ho capito che è inutile crearsi i problemi quando in realtà non esistono problemi bensì "caratteristiche" .

Un problema è qualche cosa che esula dalla normalità. Una mucca che produce latte azzurro è un problema! Ma una mucca che produce latte chiaro e perlaceo con diverse tonalità rappresenta la normalità. L'allevatore che tutti i giorni vedrà il latte variare leggermente di colore non penserà che la mucca abbia un problema! Semmai penserà a questo aspetto come a una sua precisa caratteristica!

In modo analogo se sei a disagio per l'altezza, probabilmente, non hai notato che i media hanno progressivamente abolito questa discriminante dai fattori estetici. Kylie Minogue, Madonna, Britney Spears, Antonella Clerici, Paola Barale, Ornella Muti sono basse. Variando così pesantemente i parametri femminili si è giunti a un'automatica legittimazione dell'altezza dell'uomo.

Se non sei molto alto sarai all'altezza dello standard delle donne, se al contrario sei alto nessuno lo noterà perché per un uomo essere alto non è mai stato considerato un handicap. In realtà da una quindicina di anni i riflettori si sono spostati sul peso. Essere grassi o magri non è più solo associato a fattori puramente estetici ma anche a fattori caratteriali. Se eccedi in un senso o nell'altro i media ti comunicano che non solo non sei "bello da vedere" ma anche poco attento alla cura del tuo corpo (in effetti tutta questa attenzione verso la nostra salute è solo una manovra commerciale per incrementare le vendite). La prima cosa da considerare è il tempo da investire nei cambiamenti dell'apparenza. Il secondo è valutare attentamente i possibili benefici e danni per evitare di perdere ancora una volta tempo e soldi.

Se pensi di essere magro o grasso vai in palestra ma attento a non investire troppo tempo. Irrobustire o snellire il corpo non significa sfiancarlo. I magri frequentano la palestra e praticano soprattutto il body building, cioè l'allenamento con i pesi finalizzato all'aumento della massa muscolare e della forza.

Purtroppo entro breve tempo quasi tutti cascano nella trappola dell'aspetto estetico puntando tutto sui muscoli e dimenticando l'aumento della prestazione atletica. Se vuoi iniziare in palestra tieni sempre presente l'armonia tra le cose (come nel Tao) e in questo caso rafforza i muscoli nella stessa quantità delle performance atletiche.

Se invece in palestra il tuo obiettivo è perdere peso il modo migliore è di praticare attività aerobiche a ritmo blando, ma prolungate nel tempo (paragonabili a una corsetta a passo molto moderato). Si può dimagrire anche usando i pesi perché i muscoli metabolizzano i grassi e lo fanno anche quando non stanno lavorando. Anche qui l'attività pesistica deve essere bilanciata con quella aerobica.

Se pensi di andare in palestra a correre sul tapis roulant fino a rotolare per terra sfinito stai sbagliando tutto. Ho degli amici che alla fine dell'allenamento mi dicono: "Il peggio deve ancora venire perché con tutto questo movimento ho il triplo della fame e devo mangiare la metà!". Devi armonizzare gli allenamenti e mai esasperarli. Ancora una volta ricordati che devi unire le giuste strategie al tuo impegno di migliorare!

Vale lo stesso discorso per tutti i tipi di attività sportiva. Una blanda attività amatoriale è fortemente consigliata e non deve assolutamente sfociare in una brutta copia dell'agonismo. Ricollegandosi all'armonia tra i due aspetti ricorda che anche se non vai in palestra ogni attività fisica deve essere sempre associata a un'alimentazione sana. Ricorda che alla base di una buona alimentazione non ci deve essere rinuncia a nessun alimento bensì a una distribuzione cosciente degli stessi. Il nostro corpo è composto dal 70% di acqua pertanto gli alimenti più frequenti devono in ordine crescente:

1) Acqua, verdura, frutta
2) Pasta, pane, riso, carne e pesce
3) Latte, olio, burro
4) Alcolici, dolci

Non deve diventare un imperativo "quotidiano" seguire alla lettera questo ordine. Non lo faccio nemmeno io perché non voglio essere un robot che esegue meccanicamente le stesse azioni tutti i giorni. È però molto importante rispettare la media in un certo periodo (una settimana ad esempio). Se non hai il tempo di andare in palestra comincia da oggi ad assumere queste poche e semplici abitudini per migliorare da subito la tua apparenza:
- cammina tutte le volte che puoi ed evita di prendere sempre l'ascensore (mai per scendere!);
- se ti è possibile vai a piedi o usa la bicicletta;
- parcheggia l'auto più lontano (in questo modo avrai aggiunto senza sforzo parecchi passi in più). Io cerco sempre un parcheggio che sia un pochino distante e mai davanti al negozio!

- cerca di stare un po' di più all'aperto e di meno al chiuso (anche solo per una veloce boccata d'aria).

Come avrai già capito per migliorare l'apparenza è inutile impegnarsi solo in un aspetto (una corretta alimentazione) o nell'altro (una sana attività motoria). In tutto quello che facciamo si deve avere un minimo di voglia e entusiasmo. L'unico modo per trovare entrambe le cose è capire quali saranno i benefici (per avere l'entusiasmo necessario) ed essere incentivati a partire prefissandosi delle mete semplici (per ottenere la voglia).

Perché può sembrare strano ma la caratteristica del timido e l'indeciso è propria quella di perdersi subito d'animo considerando già persa in partenza la scommessa. E da qui a un approccio timido e rinunciatario il passo è breve. Ma non per te che stai ribaltando il tuo modo di pensare!

Regola 2: L'apparenza ha lo scopo di trasmettere segnali positivi a chi ti osserva poiché trasmette la filosofia del tuo stile di vita

Come appreso in precedenza non è sufficiente cambiare l'apparenza poiché bisogna intervenire anche sul look. Ogni tanto le donne cambiano la pettinatura è con questo semplice gesto pensano di avere cambiato il look. Ci sono delle ragioni specifiche per questo comportamento.

L'uomo se ritiene che qualche cosa non funzioni (ad esempio un legame sentimentale) lascia perdere e passa ad altro. La donna invece non si arrende così facilmente. È molto più combattiva e prima di mollare gioca tutti i jolly.

Per una donna il cambio di capelli equivale a lasciarsi alle spalle un insieme di brutti ricordi. È un simbolo. Taglia i capelli, cambia la tinta e si sente subito più sollevata. A noi uomini non basta!

L'uomo per avvertire il cambio deve agire più in profondità altrimenti non percepirà la differenza. È per questo motivo che senti molti uomini dire: "Vorrei cambiare vita e aprire un bar su un'isola tropicale". Quante volte lo hai sentito dire da una donna? Mai.

Pertanto il tuo cambio di look dovrà coinvolgere tutta una serie di piccoli adeguamenti e aggiustamenti. Come al solito niente di drastico, solo cose semplici per mantenere alti l'entusiasmo e voglia di fare. Una buona pettinatura si basa essenzialmente sulla forma del viso. Per un viso magro è consigliato un capello medio-lungo, per un viso rotondo invece è preferibile un taglio corto. I capelli dritti e completamente tagliati sono alla moda.

Per i capelli dritti puoi fare delle prove a casa con il gel ma sappi che si tratta di un look poco convenzionale e quindi aggressivo pertanto adottalo solo quando ti sentirai più sicuro di te stesso. Il taglio a zero è un rischio perché la colla non basterà a rimediare al danno.

Se non sei più che convinto del risultato non rischiare. Tutti questi cambiamenti devi affrontarli con continui aggiustamenti. Non serve a nulla farsi consigliare dal parrucchiere dando un cambio drastico alla tua pettinatura. Se non ti piacerà ti sentirai più timido e indeciso che mai perché focalizzerai tutto sulla pettinatura. Devi procedere con piccoli tentativi e quando andrai dal parrucchiere saprai esattamente cosa chiedere. In ogni caso chiedi sempre solo un abbozzo di quello che hai in mente per valutare con calma i cambiamenti. Come dicevamo prima non serve a nulla cambiare la pettinatura se non è seguita da un "accompagnamento" del giusto abbigliamento.

Per le donne il discorso è diverso. Pensa a delle donne che ti piacciono. Le stai immaginando nel loro insieme? Sicuramente no. Per uomo una donna è bella se ha un bel corpo oppure un bel viso oppure un bel seno oppure un bel fondoschiena oppure se veste sexy oppure se veste scollata. L'uomo ragiona "a pezzi" nei confronti delle donne. Al contrario le donne vedono l'uomo nell'insieme (ecco perché Sean Connery piace ancora nonostante la sua non più tenera età).

Come ti ho spiegato in precedenza non basta cambiare la pettinatura perché nell'uomo tutto il look nella sua completezza gioca un ruolo fondamentale nella determinazione del messaggio non verbale che trasmettiamo alle persone. Questo può fare la differenza nell'avere una presenza vincente o al contrario opaca che si uniforma alla massa e pertanto annega nell'anonimato. Eccoci quindi arrivati alla parte più spinosa del look, cioè l'abbigliamento. La strategia dell'abbigliamento è suddivisa in due parti ben distinte. La prima parte devi stabilirla tu mentre sulla seconda dovrai farti consigliare ma utilizzando un sistema innovativo a cui nessuno pensa e che ti beneficerà di risultati garantiti al 100%.

Sono convinto che hai già pensato a come mettere in pratica i consigli che ti ho dato sull'apparenza lavorando sulla parte motoria e su quella legata all'alimentazione. Hai già pensato anche come a migliorare il look tramite piccoli accorgimenti alla pettinatura e sicuramente hai già delle idee su come fondere il tutto con un abbigliamento che, discostandosi un poco da quello attuale, possa concludere il tuo primo importante cambiamento estetico.

In realtà per quanto riguarda l'abbigliamento l'unica cosa a cui devi pensare è indossare vestiti della misura giusta. Non ha importanza che tu sia magro oppure soprappeso perché se un vestito è giusto si indossa sempre bene. Se al contrario è troppo largo o, volendo seguire la moda, troppo stretto stonerà nell'insieme a prescindere dalla tua corporatura.

Albert Einstein è il simbolo della scienza moderna ma è era anche un personaggio 'strano' per il suo modo di fare cose del tutto normali in modo estremamente originale. Era un professore universitario, premio Nobel, che non portava mai i calzini, indossava in pubblico una maglietta con il viso di Paperino e una penna sempre infilata nel collo del maglione.

È opinione comune credere che la sua stravaganza andasse pari passo con la sua intelligenza. In realtà io penso che la sua fosse una "presenza" calcolata probabilmente per focalizzare l'attenzione su altri parametri quali, ad esempio, i suoi insegnamenti. Infatti ai suoi tempi i laureati erano tutti rigorosamente in giacca e cravatta e non casual come ora. Infatti il suo atteggiamento comunicava un desiderio di rottura rispetto agli standard dell'epoca. Purtroppo (per quanto riguarda l'intelligenza) e per fortuna (per l'abbigliamento) nessuno di noi è come Einstein.

Questo non significa che il nostro abbigliamento debba essere copiato dal divo del momento o dal riccone che pavoneggia i suoi flirt tra le pagine dei rotocalchi. Dobbiamo essere liberi nelle nostre scelte e non schiavi della dozzinalità che ci renderebbe dei manichini simili a tanti altri.

Regola 3: Il Look rappresenta i tuoi gusti. È importante che sia l'espressione della tua gioia di vivere.

Devi peraltro evitare di cedere alla vanità o all'esibizionismo curando l'abbigliamento senza preoccuparsi della moda perché prima di tutto devi armonizzare la tua presenza. Vestirsi è spesso un dono naturale ma si può anche conquistare con il buon gusto vincendo la tentazione di imitare gli altri. Tutte queste intenzioni sono buone ma potremmo essere totalmente sprovvisti di gusto nell'abbinare i vestiti.

È sbagliato chiedere un consiglio troppo generico: "Secondo te quali vestiti potrebbero valorizzarmi?". È sbagliato perché le persone considerano solo il look slegandolo dall'apparenza. Hai acquisito una visione più ampia e globale rispetto agli altri e quindi perché fare dei passi indietro? La tua determinazione a cambiare è rafforzata dalle giuste strategie di cambiamento, pertanto pensa a come migliorarti.

È necessario quindi che tu ti faccia un'idea sul nuovo abbigliamento che vuoi adottare senza pensare di stravolgere completamente il tuo guardaroba. Si può iniziare dagli accessori come le scarpe, le cinture, ciondoli per poi passare a rinnovare senza fretta il guardaroba stando sempre al passo con i cambiamenti della tua presenza. Appena hai identificato i tuoi prossimi cambiamenti dovrai quindi chiedere dei pareri. A chi rivolgersi? Qualsiasi cosa tu abbia pensato ti dico di no! Ecco perché:

- Familiari: vogliono la nostra felicità ed è ovvio che ci dicano quelle che vengono definite le bugie bianche vale a dire bugie a fin di bene. In questo caso il loro giudizio sarebbe un misto tra quello che vorrebbero dirci e quello che vorremmo sentirci dire. La famiglia è basilare ma in questo caso non può aiutarci nonostante le buone intenzioni.

- Amici: anche se hai degli amici che vestono bene non significa che il loro abbigliamento sia consono alla tua presenza. Non hanno pertanto la competenza necessaria per consigliarti correttamente.

- Commessi o titolari di negozi di abbigliamento: potenzialmente queste potrebbero essere le persone più indicate specialmente nei centri commerciali.

È probabile che tu non ci abbia mai pensato ma i commessi che osservano il passaggio di migliaia di persone alla settimana sviluppano un senso estetico estremamente superiore alla media. Peccato che i loro consigli debbano essere necessariamente mirati al campionario che hanno a disposizione.

Non troverai mai nessuno di loro che ti dirà: "Le posso consigliare un abbigliamento perfetto che troverà proprio nel negozio di fronte al mio". In questo caso hanno la competenza ma mancano di obiettività. Starai pensando: "Allora chi mi rimane? Nessuno?". In realtà la risposta l'hai letta tra le righe pochi secondi fa!

Devi sapere che una mia amica conosce tutti i modelli delle macchine di lusso e le sa riconoscere anche solo sentendo il rumore del motore. Pensi che sia una patita di automobili? In realtà viaggia su una vecchia macchina e va in crisi non appena si accende una spia (anche quella della benzina). Però il suo ufficio è di fronte a un concessionario multimarca di macchine che costano non meno di 40.000 euro. Tutti i giorni vede i cartelloni che pubblicizzano le prove su strada delle macchine e nella stagione calda le sente partire e tornare pertanto le conosce tutte, anche se non è mai salita su nessuna di esse! Ecco perché non devi sottovalutare chi inconsciamente immagazzina decine di migliaia di abbigliamenti al mese!

Quando voglio dei consigli attendibili sul mio look io so dove andare. Vado nei centri commerciali perché come hai già letto i commessi dei negozi vedono passare migliaia di persone in una settimana e sviluppano un senso estetico eccezionale. Quindi quando voglio acquistare un capo di abbigliamento (un pantalone, un maglione, delle scarpe ad esempio) mi reco in un centro commerciale.

Identifico un negozio che non c'entra nulla con il mio acquisto, ad esempio un negozio di cellulari, e mi rivolgo a un commesso o una commessa non occupati chiedendo un consiglio del tipo: “Ho visto una camicia a righe rosse fini, secondo te potrebbe starmi bene?”.

Vuoi scommettere che ti daranno un consiglio competente e spassionato? Se vuoi un approccio più blando perché la timidezza ti frena entri nel negozio, guardi un modello di cellulare, fai una domanda o esprimi un parere sul colore e poi fai la tua domanda sull’abbigliamento. Se non ti conoscono e vuoi un approccio ancora più soft quando poni la tua domanda puoi dire: “Ho un fratello gemello identico a me che ha comprato una camicia a righe rosse e fini simile a quella esposta laggiù, secondo te potrebbe stare bene a me?”.

Naturalmente ricordati che devi avere rispetto del lavoro dei commessi pertanto devi fare loro delle domande quando non sono occupati (difficile che lo siano nei weekend). In questo modo tu otterrai un parere che vale oro e loro inganneranno il tempo scambiando due parole con te e rilassandosi qualche minuto.

Non pensare che loro possano indicarti esattamente la camicia più adatta perché quello spetterà sempre a te! Io ti fornisco la tecnica per scegliere degli ottimi consiglieri ma la scelta deve rimanere tua! Saranno però in grado di darti dei pareri attendibili indicandoti se la scelta che hai proposto loro è applicabile oppure o no a te. Non fossilizzarti nemmeno sull'estetica dei commessi. Non pensare che una commessa vestita bene possa consigliarti sull'abbigliamento meglio di una vestita male. Sono le informazioni che contano e non la persona che le elargisce!

Regola 4: Quando vuoi un parere sincero devi chiedere a chi non abbia un "conflitto di interessi" (affettivi o commerciali).

In questo secondo giorno hai imparato a comprendere e migliorare facilmente la tua presenza. Avrai sicuramente notato che hai nuovamente Osservato (e non guardato) quello che ti poteva aiutare. Chiedendo dei consigli indiretti hai Ottenuto Senza Agire, anche se in realtà solo tu sapevi che stavi chiedendo dei consigli per cambiare la tua Presenza.

Nei prossimi giorni imparerai a conoscere e potenziare il tuo lato caratteriale. L'unica raccomandazione è la solita. Stai cambiando il tuo modo di approcciare la timidezza e l'insicurezza perché stai acquisendo gradualmente dei semplici ma efficaci mezzi. Non bruciare mai le tappe! Applica sempre tutti i nuovi metodi che hai appreso!

Riepilogo del Giorno 2:

Regola 1: Devi sempre bilanciare due aspetti per raggiungere un equilibrio. Il corpo è simmetrico e anche gli obiettivi devono diventarlo.
Regola 2: L'apparenza ha lo scopo di trasmettere segnali positivi a chi ti osserva poiché trasmette la filosofia del tuo stile di vita
Regola 3: Il Look rappresenta i tuoi gusti. È importante che sia l'espressione della tua gioia di vivere.
Regola 4: Quando vuoi un parere sincero devi chiedere a chi non abbia un "conflitto di interessi" (affettivi o commerciali)

Esercizi:
Inizia subito a mettere in pratica i tuoi primi cambiamenti. Da adesso in poi la tua mente e il tuo corpo opereranno in simbiosi dandoti il massimo dei risultati!

Miglioramenti:
1) Se vuoi acquisire qualche punto in più considera anche l'abbronzatura. Se non ti piace la lampada o hai problemi di pelle sappi che esistono altri metodi come ad esempio le creme

autoabbronzanti. Quasi tutte le linee di cosmetica ne hanno una dedicata alla pelle dell'uomo. Puoi andare nel negozio di abbigliamento a chiedere se staresti meglio un pochino più abbronzato e in quello di cosmetica per sapere se ti starebbe bene quel nuovo paio di jeans!

2) Quando sei nei centri commerciali trai spunto da chi ti circonda. Non sbagliarti a osservare gli uomini che hanno solo una bella presenza invece osserva gli uomini che ne posseggono una e che ti somigliano anche esteticamente! Sarà molto utile per avere un'attendibile anteprima dei cambiamenti che potrai adottare!

Giorno 3:
I BENEFIT DIMENTICATI - SORRISO E PORTAMENTO

In questo terzo giorno riscoprirai due importanti caratteristiche che il timido e l'indeciso usano con un'estrema parsimonia: il Portamento e il Sorriso. La società attuale non ci aiuta minimamente a migliorare entrambi gli aspetti. Il sorriso è tristemente relegato a mirati scopi pubblicitari. Se ci pensi la maggior parte delle attuali pubblicità, sia televisive che cartacee, ritraggono uomini e donne prevalentemente seri e quasi infastiditi.

Stranamente l'uomo e la donna di successo non devono sorridere. Uniche eccezioni che ho osservato riguardano le pubblicità che propongono la vendita di alcolici, shampoo e ovviamente dentifrici e sbiancanti. Per tutto il resto regna sovrano un velo di negativismo. Come sia nato questo concetto e perché sia stato adottato dalla totalità delle multinazionali a scopi pubblicitari lo ignoro. Si possono fare solo delle ipotesi. Un mio amico ritiene che le basi del consumismo siano più solide se si mantiene un clima poco amichevole e più distaccato. Una fredda logica del tipo "mi diverto quando voglio ma poi preferisco essere indipendente" genera comportamenti altamente remunerativi per la vendita di prodotti.

Seconda la sua logica per alimentare il consumismo, e quindi il benessere generale, è meglio che due persone si frequentino ma non abitino insieme. Il consumismo, a suo dire, ragiona in questo modo. Due persone che condividono lo stesso tetto avranno necessità di avere un appartamento e tutto ciò che ne deriva (arredamento e oggetti vari). Se le stesse persone vivono in due appartamenti separati, pur frequentandosi, raddoppieranno tutto ciò che necessita loro (incluso l'appartamento). E l'economia nazionale ne beneficerà.

Personalmente ritengo che sia un ragionamento pesantemente estremizzato perché un comportamento di questo tipo porterebbe alla disgregazione e all'annientamento della famiglia. Ritengo invece che questo diffuso stile di vita "imbronciato" sia il sintomo di un diffuso malessere emotivo. I media ci suggeriscono costantemente un tenore di vita sempre più elevato e questo ci obbliga inconsciamente a impegnarci sempre di più.

Infatti a cosa pensi quando immagini persone sorridenti? Posso scommettere che avrai pensato alle persone di successo, ricche e famose. Ma hai dimenticato tutte la gente comune che elargisce quotidianamente sorrisi e positività senza mai stancarsi. Sono persone ricche di semplici tesori e il traguardo di questo libro è farti diventare uno di loro. Giorno dopo Giorno con la tua volontà di migliorare e le giuste tecniche per costruire una vita vincente partendo da basi semplici ma solide.

È quindi sbagliato lavorare sempre di più per guadagnare sempre più soldi. Continuando con questo stile di vita non rimane molto spazio per rilassarsi e godersi i momenti di silenzio e tranquillità. Il paradosso sta nel fatto che si arricchisce il conto in banca ma si impoverisce il sorriso. Si rincorrono gli oggetti costosi e si annientano le cose semplici. Fortuna che ci vengono in soccorso trasmissioni di grande successo che riuniscono i comici più divertenti del momento e ci fanno ridere di gusto per qualche ora!

Avrai sicuramente sentito parlare di quel guru indiano che ha fondato il Club della Risata. Associando la pratica dello Yoga alla risata (Hasya Yoga) diminuiscono gli effetti dello stress, si migliorano i rapporti interpersonali, si aiuta a prevenire le malattie e si acquista più fiducia e stima in se stessi.

La spiegazione è molto semplice ed è avvalorata da studi scientifici. Quando ridiamo, tutto il nostro corpo ride e si rilassa. Da quando si inizia a ridere, il cuore e la respirazione accelerano i ritmi, la tensione arteriosa cala e i muscoli si rilassano. Il cervello innesca la produzione di endorfine che ci donano un piacevole senso di benessere. Il problema è che la risata per quanto efficace non può accompagnarci tutto il giorno o correremmo il rischio di essere scambiati per pazzi o stupidi.

La soluzione è molto semplice ed è, come avrai capito, il sorriso. Non è felice chi ride, ma chi sorride! Si ride anche troppo ma si sorride poco. Ridere è più facile sferzati dai comici o dagli scherzi in televisione ma poi la risata non si trasfigura in un sorriso. Si addomestica rapidamente fino a prosciugarsi! Il sorriso trasmette benessere, serenità e apertura nei confronti di un'altra persona e manifesta quindi non solo uno stato emotivo ma anche uno strumento di comunicazione nel rapportarsi con gli altri. L'importante cambiamento che devi apportare alla tua vita quotidiana è usare molto di più il sorriso. Non ti devi limitare al sorriso spontaneo perché è una reazione involontaria legata al carattere e alle attitudini della persona. Devi usarlo per incanalarlo in un codice di comportamento che ti servirà per instaurare un approccio positivo.

La grossa differenza tra risata e sorriso è che non possiamo ridere senza un motivo ad esempio quando un amico ti chiede che ore sono. Invece puoi sorridere tutte le volte che vuoi, anche usando l'esempio appena citato, perché non sempre sorridere sottintende un segnale di apertura verso l'altra persona ma più semplicemente un personale stato d'animo.

Ti farò un esempio pratico. L'esempio più eclatante di Sorriso è quello di Megan Gale. Avrai sicuramente visto le pubblicità dell'operatore telefonico che lei pubblicizza. In alcune di queste ha un viso sorridente e in altre un atteggiamento più avvenente. Quale viso ti viene in mente quando pensi a lei? Al suo bellissimo sorriso! Perché anche se non si ha la sua bellezza sorridere ci rende attraenti. Siamo attratti dalla gente che sorride a tal punto da desiderare di capire perché quella persona sta così bene.

Regola 1: Il Sorriso è contagioso ed estende la positività a chi ti circonda.

Il sorriso è terapeutico quanto la risata, infatti sorridendo aiuti il corpo a sentirsi meglio perché il corpo rilascia le endorfine che sono un rimedio naturale al dolore. Sorridere rinforza il sistema immunitario e abbassa la pressione sanguigna. Oltre ai benefici fisici avrai altri svariati vantaggi che ti illustrerò tra poco.

È ora che tu riscopra il fascino del sorriso perché è un miglioramento molto semplice che non richiede sforzo e ti aiuterà molto a ottenere senza Agire! È un aspetto molto importante perché sorridere è contagioso. Inoltre la gente sorridente sembra più sicura. La prima cosa che devi fare in questa giornata è osservare le persone che più ti piacciono (sul lavoro o anche in televisione) e noterai che sono tutte persone sorridenti che ti trasmettono un indefinito senso di piacere. Come avrai notato non sono persone disponibili a buttarsi nel fuoco per aiutarti però riescono comunque a comunicarti sensazioni piacevoli. Se ci riescono loro perché non devi riuscirci tu?

La grossa differenza che hai appreso nelle ultime pagine è che la persona che sorride non è necessariamente una persona affermata in tutti i campi. La società e soprattutto la televisione ci ha condizionati a tal punto che associamo la persona sorridente a una vita perfetta. Chi sorride è bello, è ricco, è realizzato nella vita e nel lavoro. Non esiste una tale fortuna in nessun uomo sulla terra pertanto in realtà sorridendo puoi comunicare tutto questo anche senza eccellere in tutti questi aspetti.

Ottenere senza Agire sorridendo è molto semplice e molto produttivo. Fai questa prova. La prossima volta che incroci un amico salutalo senza sorridere. Invece quando vedi il tuo prossimo amico salutalo e poi sorridi. Osserverai due comportamenti completamente diversi perché nel secondo caso vedrai un'immediata reazione in lui dal momento che recepirà di riflesso il tuo atteggiamento positivo. Io uso molto il sorriso perché è un biglietto da visita da vincente. Da oggi deve diventare anche il tuo! Da adesso in poi prova a sorridere mentre partecipi a una riunione, a un appuntamento o quando entri in un negozio e vedrai le persone comportarsi con te in maniera diversa. Cosi facendo starai Ottenendo senza Agire.

La gente non ha coscienza del tuo obiettivo che è quello di ottenere un rapporto molto più aperto e produttivo. Naturalmente tutto ciò va sempre utilizzato per migliorare se stessi e il rapporto con le persone perché è evidente che un finto sorriso (per intenderci come "il gatto e la volpe") sortirà risultati completamente opposti.

Ricorda inoltre che se non sei abituato a sorridere le prime volte ti sembrerà strano provarci. In questi casi è molto utile esercitarsi in macchina oppure quando sei da solo a casa o in ufficio.

L'unico ostacolo che si frappone tra noi e il nostro sorriso è la stanchezza e lo stress. Lo stress si mostra attraverso il volto pertanto sorridere contribuisce ad evitare di sembrare stanchi e distrutti. Quando sarai stressato prova a sorridere e lo stress diminuirà. Nonostante tutto quando sarai stanco noterai che sarà più difficile sorridere pertanto ti consiglio di diminuire il consumo di zuccheri poiché la loro assimilazione dona un breve senso di benessere subito sostituito da un calo di energie (se stai seguendo i consigli che ti ho dato nel Giorno precedente sulla alimentazione non avrai problemi).

Se ti troverai a passare un periodo di particolare stanchezza dettato da una particolare attività fisica e mentale sarà meglio ricorrere ad aiuti naturali come il ginseng che tonifica fisico e umore.

Personalmente ti consiglio il lievito di birra che è un Integratore vitaminico e salino formidabile ma che gode di scarsa pubblicità semplicemente perché ha un prezzo decisamente inferiore rispetto ai suoi più illustri concorrenti (proprio il ginseng ad esempio).

Regola 2: Il Sorriso è terapeutico e genera interesse nei tuoi confronti. Associato al Metodo di Ottenere senza Agire ti consente di Ottenere immediatamente delle reazioni spontanee.

Il secondo aspetto che tratteremo in questo secondo giorno è il portamento. La società attuale non ci aiuta a coltivare il portamento da sempre relegato a una trasposizione cinematografica dove è protagonista quasi sempre una principessa in erba.

Gravata dall'impegno di dovere imparare rapidamente l'etichetta dei nobili viene istruita sul corretto modo di camminare. E puntualmente ci riuscirà nonostante la camminata della donna sia resa più difficile dai tacchi alti (problema che l'uomo più avvantaggiato non ha). Fino a ora abbiamo parlato delle donne. E l'uomo? Stranamente sembra che l'uomo non abbia necessità di avere un buon portamento ma scoprirai presto che contrariamente a quanto pensi il portamento aiuta moltissimo nel metodo di Ottenere senza Agire.

La nostra camminata è condizionata da diversi fattori, primo tra tutti il passo che impostiamo da bambini. Appena acquisita la stabilità e l'equilibrio cominciamo a sviluppare uno stile personale nel muoverci. Non si tratta solo del puro movimento fisico ma soprattutto della nostra andatura, della lunghezza del passo e infine l'intensità con cui appoggiamo o pestiamo i piedi per terra. Tutto ciò svela la nostra personalità, l'emozione che proviamo e la nostra condizione fisica. Quest'ultima è la più semplice da stabilire poiché se sei affaticato, malato o dolorante il tuo modo di muoverti sarà inevitabilmente alterato.

Anche le emozioni si riflettono nella camminata. Prova a pensare ad esempio a come cammineresti se fossi arrabbiato. Quando accade a me ho un passo scattante e pesto con vigore i piedi. Se invece sono triste ho una camminata pensierosa simile a chi è depresso perché, più che camminare, arranco trascinando i piedi. Non ci sono sistemi per arginare le informazioni che lo stato emotivo e quello fisico comunicano al nostro modo di camminare. Diverso è il discorso per tutto ciò che riguarda il tuo carattere che deve lanciare dei segnali positivi anche tramite la camminata.

Devi capire che se ci riescono alcuni professionisti ci puoi riuscire anche tu. Ad esempio i modelli imparano ad essere più eretti per ottenere movimenti più armoniosi e maschili. Chi pratica sci si specializza nella coordinazione dei movimenti. Gli appassionati di arti marziali o danze caraibiche si impegnano per raggiungere una maggiore e sempre crescente stabilità. Se ci riescono loro che sono spinti da motivazioni molto più blande della tua, è chiaro che tu raggiungerai il tuo obiettivo in tempi più corti dei loro.

I messaggi che la nostra personalità trasmette nella camminata sono essenzialmente due e sono facilmente identificabili. Il primo riguarda l'uomo che ha un carattere prepotente e permaloso. Il suo passo è caratterizzato da un'andatura veloce e scattante perennemente in corsa contro il tempo. Quando cammina è come se partecipasse a una maratona e utilizza falcate ampie, decise e veloci. Il secondo riguarda i timidi e gli indecisi.

Chi è caratterizzato da queste particolarità tenderà a muoversi con un'andatura frettolosa con passi corti e rapidi e il più delle volte rasenterà inconsciamente i muri. Per ovviare a questa camminata non devi assolutamente pensare alla tua andatura mentre cammini altrimenti sortirai l'effetto opposto perché ti concentrerai troppo sul movimento e perderai di naturalezza. Il principio è simile a quando non riesci ad addormentarti e ti sforzi di dormire.

Regola 3: Il Portamento nell'uomo ha la stessa importanza che nelle donne. Avere un buon Portamento aiuta a rafforzare la tua figura maschile.

Come hai imparato in precedenza quando vuoi agire sul tuo aspetto fisico devi sempre considerare le caratteristiche nella loro duplicità e mai come una componente unica. Dovrai pertanto armonizzare non solo l'aspetto fisico ma anche quello mentale che supporta e rafforza il precedente.

Nel secondo Giorno hai imparato ad adottare uno stile di vita che preveda un'alimentazione sana e dei piccoli esercizi quotidiani legati al movimento. Dovrai aggiungere dei semplici esercizi che ti consentiranno di migliorare la tua camminata irrobustendo gli addominali che sono la causa principale di una camminata disarmonica. Un metodo semplice è salire le scale.

Se te la senti puoi salire almeno una volta al giorno le scale a due gradini per volta. Se invece preferisci un metodo più soft puoi salire le scale a un gradino per volta però in questo caso dovrai aumentare la velocità. Personalmente utilizzo entrambi i metodi.

Come al solito dovrai eseguire tutto senza esagerare per non perdere voglia e entusiasmo. Un metodo rapido per rafforzare gli addominali è testare la differenza tra addominali tonici e rilasciati. Prova a camminare normalmente, fermati e prova a camminare tirando in dentro la pancia.

Ti sei accorto della differenza vero? Se probabilmente non riesci a identificarla riprovaci e ti accorgerai che quando cammini normalmente senti il peso della camminata sul bacino e sulle gambe mentre quando cammini tirando la pancia in dentro il peso è distribuito anche sugli addominali che di riflesso ti danno una sensazione di postura eretta anche sulla schiena. È importante rafforzare gli addominali anche perché le cattive posture sul posto di lavoro o in casa tendono a cronicizzarsi.

Regola 4: Il Portamento se supportato da muscoli tonici verrà acquisito involontariamente e senza sforzo.

Sistemato l'aspetto prettamente fisico procediamo con il non meno importante lato mentale. Come ti ho detto in precedenza non devi pensare a camminare "bene" perché otterresti l'effetto contrario. Esistono corsi di portamento, tra l'altro parecchio cari, che ti insegnano a camminare bene correggendo svariati errori. Correggere questi errori non è importante quanto il praticare con costanza il nuovo tipo di camminata. Questi corsi servono perché il solo e unico esercizio che viene richiesto è quello di provare e riprovare centinaia di volte fino ad assimilare il movimento.

Un modo più conveniente e rapido è Osservare gli altri (come vedi l'osservare è ricorrente per migliorarsi). Puoi osservare i colleghi sul posto di lavoro, i passanti per strada (mentre sei fermo a un semaforo) oppure in televisione tutti quelli che hanno uno stile di camminare che ti piace. In questo caso comprendi che non è importante sapere se hanno una vita appagante e felice. È sufficiente che ti piaccia il loro stile perché ti trasmettono un carattere positivo e propositivo.

A questo punto, a casa tua, imita la loro camminata e un po' alla volta diventerà la tua. Se vuoi imitare la guida di un pilota di formula 1 non è sufficiente guardarlo per assimilare la sua tecnica altrimenti saremmo tutti campioni. Al contrario una camminata è semplice da imitare come andare in bicicletta perché non esiste una corso di formazione particolare, basta solo copiare chi ci sa già andare perché è un semplice processo imitativo. Io per iniziare ho imitato quella che ho visto per un caso da un attore in un film che tra parentesi non mi è nemmeno piaciuto. Puoi anche osservare come camminano gli attori quando si presentano alle passerelle dei maggiori eventi cinematografici.

Quando avrai assimilato la camminata che più ti piace avrai ancora una volta Ottenuto Senza Agire perché senza seguire la trafila degli uomini di successo susciterai nelle persone che ti vedono una sensazione di uomo determinato e sicuro di sé!

Regola 5: È importante scegliere un Portamento che ti piaccia piuttosto che procedere per tentativi.

Riepilogo del Giorno 3:

Regola 1: Il Sorriso è contagioso ed estende la positività a chi ti circonda.
Regola 2: Il Sorriso è terapeutico e genera interesse nei tuoi confronti. Associato al Metodo di Ottenere senza Agire ti consente di Ottenere immediatamente delle reazioni spontanee.
Regola 3: Il Portamento nell'uomo ha la stessa importanza che nelle donne. Avere un buon Portamento aiuta a rafforzare la tua figura maschile.
Regola 4: Il Portamento se supportato da muscoli tonici verrà acquisito involontariamente e senza sforzo.
Regola 5: È importante scegliere un Portamento che ti piaccia piuttosto che procedere per tentativi.

Esercizi:
Prova subito tutti i semplici esercizi che ti ho indicato e noterai un istantaneo cambiamento nelle persone che ti circondano. Non stupirti se molti ti chiederanno: "Ti vedo allegro oggi, hai qualche novità?"

Miglioramenti:

1) Se non hai ancora avuto il tempo di seguire il mio consiglio del giorno precedente dove ti consigliavo di usare un autoabbronzante o una lampada è arrivata l'ora di metterlo in pratica perché il sorriso ha un effetto ancora più dirompente se associato a una carnagione più scura (prova a pensare a come ti colpisce vedere un africano quando sorride).

2) Puoi anche considerare un trattamento sbiancante dal tuo dentista o in alternativa un dentifricio leggermente sbiancante che non sia troppo abrasivo e protegga lo smalto.

Giorno 4: L'IMPORTANZA DI ASCOLTARE E GUARDARE NEGLI OCCHI

Proseguiamo nel tuo percorso di miglioramento caratteriale affrontando un elemento comune alla quasi totalità delle persone. A tale proposito ti ricordo di non dimenticare che l'insicurezza o la timidezza è presente con diversi gradi di intensità in tutti quanti tranne poche eccezioni. Inoltre l'insicurezza e le paure differiscono dal sesso.

L'uomo ha timore di parlare agli sconosciuti, dei rifiuti delle donne e di usare i bagni pubblici per paura di non essere "all'altezza". Le donne invece hanno paura di essere giudicate per i loro difetti estetici o di essere considerate cattive partner o madri. Le uniche persone che affrontano e superano i propri timori sono le persone che hanno un carattere particolarmente battagliero ma che richiedono anche di grosse energie. E poi ci sono le persone come "noi" che affrontano e risolvono le proprie insicurezze con determinazione e usando le giuste strategie! Quante persone conosci che sanno veramente ascoltare? E quante persone conosci che sanno realmente guardare negli occhi? Se ci pensi bene ben poche e si pensi ancora meglio pochissime!

Tutto ciò è normale pertanto non ti stupire se alla fine di questo quarto giorno osservando con occhi diversi la gente che ti circonda scoprirai che ti sarà sufficiente una mano per contarli! Ascoltare è un'arte perduta. Un famoso aforisma popolare recita: "Dio ti ha dato una bocca e due orecchie perché voleva che ascoltassi il doppio di quanti parli".

Ascoltare e non interrompere evidenzia attenzione e rispetto per chi sta parlando. Al contrario interrompere crea negli stati d'animo della persona un sentimento di frustrazione e ribellione verso un sistema che non permette loro di esprimere liberamente concetti per intero. La colpa è essenzialmente dei media che ci obbligano a sentire una quantità infinita di inutili parole finalizzate prevalentemente alla vendita di prodotti. Basti pensare alle telepromozioni che sono un vero e proprio bombardamento di parole condensate in pochi minuti. Ogni parola è studiata attentamente dal settore marketing per incanalare il nostro pensiero verso l'acquisto. Se poi tu sei furbo e spegni, giustamente, la televisione vieni contattato telefonicamente dalle compagnie telefoniche che ti proporranno servizi e piani tariffari più convenienti (per te e per loro).

È inevitabile che si diffonda un'involuzione nell'ascoltare. Sotto questo punto di vista l'introverso crea un punto di rottura in questo sistema. Il timido impara ad ascoltare l'interlocutore astenendosi dal volerne anticipare il pensiero ed è disposto a prestare attenzione. Il paradosso si esprime in seguito perché nella maggior parte dei casi non partecipa al discorso ma si limita ad avallare il giudizio e il parere dell'altro.

Se stai leggendo questo libro significa che ti inserisci in quest'ultima categoria pertanto devi smettere di pensare a questa caratteristica di ascoltare senza avere la forza di esprimere un'opinione. Hai una marcia in più rispetto agli altri perché avrai sviluppato "il senso dell'ascolto" e lo utilizzerai a breve per trasformarlo da attributo passivo a peculiarità attiva. È infatti dimostrato che i bambini timidi diventano adulti sensibili, attenti e in grado di ascoltare le altre persone.

Regola 1: Ascoltare e sentire sono due cose diverse. Sapere Ascoltare è importante per acquisire informazioni.

L'aspetto principale che devi correggere da subito è la basilare associazione tra ascoltare e guardare. Prova a immaginare di parlare a un bambino. Gli parli e lui ti ascolta ma se smette di guardarti la prima cosa che penserai è che qualche cosa lo abbia distratto oppure che la sua attenzione sia calata.

Senza pensarci lo rimprovererai dicendogli di guardarti mentre parli. La stessa cosa succede tra bambini. Se un bambino parla a un altro bambino cercherà il suo sguardo perché solo in questo modo avrà la conferma di essere ascoltato.

Fin dall'infanzia in ognuno di noi il rapporto udito/vista è fondamentale per rassicurarsi sul fatto che sia prestata attenzione a ciò che diciamo. È un aspetto che si cristallizza e ci seguirà tutta la vita, anche se curiosamente in età adulta abbiamo uno strano adeguamento di questo concetto. Non ci interessa molto essere guardati continuamente mentre parliamo purché alla fine del discorso ci sia la certezza che le nostre parole siano ascoltate.

Essere guardati duranti il dialogo ha un duplice significato: un forte rafforzativo dell'attenzione che ci viene attribuita e una presa di posizione attiva del nostro interlocutore nel discorso. Le tue caratteristiche di indeciso o timido ti predispongono ad ascoltare con attenzione pertanto guardando con una maggiore frequenza il tuo interlocutore otterrai immediato aumento di coinvolgimento mentale.

Sarai da subito considerato una persona attenta e positiva (come da bambini) perché guardando dimostrerai di essere interessato e parlando manifesterai di avere ascoltato. Guardare negli occhi ha un'importanza capitale. Hai imparato che puoi segnalare il tuo interesse con un sorriso oppure semplicemente con uno sguardo. Il segnale che inviamo se non guardiamo in faccia le persone mentre parliamo può essere anche inteso come un rifiuto alla conversazione o alla persona stessa. Bisogna però capire la differenza tra guardare e fissare perché fissare una persona mentre parla sortisce un effetto contrario perché viene accantonata la parte razionale ed entra in gioco quella istintiva. Gli animali si rapportano e interagiscono socialmente lanciando o ricevendo segnali molto più complessi dei nostri che possono investire la sfera visiva, olfattiva o uditiva.

È utile capire che gli animali sono convinti di essere al centro di tutti gli avvenimenti perché non hanno coscienza dell'individuo. È normale che si convincano che nulla accada per caso ma che tutto abbia una collocazione ben precisa dove sono coinvolti come protagonisti. I capi branco guardano i sottomessi per ribadire la loro autorità e si aspettano che abbassino lo sguardo. I sottomessi guardano in continuazione i capi branco per ottenere la loro approvazione per ciò che stanno per fare.

Qualcosa di simile accade anche tra gli uomini. Basti pensare a quando si esce con un gruppo di amici. Ci sarà sempre un "capo branco" che in qualche modo guiderà o condizionerà le scelte di tutti gli altri. Chi ha questa caratteristica non è sempre quello che ha più autorità ma nella maggior parte dei casi è semplicemente colui che riesce a dare più peso alla sua personalità grazie alle proprie parole e soprattutto ai propri "atteggiamenti". A questo punto sorge spontanea la domanda: "Quali atteggiamenti?". Rifletticí un attimo. Se hai pensato che sicuramente saranno inclusi anche il look, l'immagine, il sorriso e il portamento significa che hai già raggiunto un buon livello di coscienza sui mezzi indiretti che necessitano per avere successo nella vita e con gli altri!

Guardare negli occhi è una conseguenza di influenze culturali. Guardare da non confondere con fissare. Gli occhi, infatti non sono solo un mezzo per raccogliere informazioni dall'ambiente che ci circonda ma anche per trasmetterle ed è proprio questa seconda funzione che assume un'importanza fondamentale nella comunicazione.

Le donne utilizzano gli occhi come primo mezzo di trasmissione delle proprie sensazioni nei confronti di un interlocutore. Inoltre usano gli occhi verso un potenziale partner perché è più sicuro poiché difficilmente intercettabile dalle persone presenti. Al contrario l'uomo considera istintivamente il guardare negli occhi un atteggiamento bellicoso che indica una voglia di imporsi. È un caso che ci sia un richiamo al mondo animale? No, perché tra uomini essere guardati fa scattare la parte irrazionale che si materializza in una sensazione di minaccia. È per questo che per guardare negli occhi è importantissimo acquisire uno sguardo naturale che non sfoci assolutamente nel fissare.

Può sembrarti difficile ma in realtà è semplicissimo poiché chi fissa è colui che non guarda abitudinariamente chi gli sta parlando. Più guardi e meno fisserai. Apprenderai tra breve semplice tecnica che ho adottato per evitare di fissare involontariamente perché possono esserci casi in cui uno sguardo naturale diventa non solo auspicabile ma anche essenziale!

Regola 2: Guardare negli Occhi è importante perché ti consente di trasmettere interesse e instaurare un rapporto emotivo più profondo.

Chi ha contatti con i giapponesi avrà senz'altro notato che di solito non si guardano negli occhi mentre si parlano. Se non ne conosci pensa a qualche film orientale. Con il mio lavoro ho constatato di persona che molto raramente un giapponese mi guarda spontaneamente negli occhi e quando lo fa ha sempre un atteggiamento battagliero. Gli esempi sono molteplici basti pensare se ti è capitato di vedere parlare due giapponesi in treno avrai avuto l'impressione che stessero parlando da soli.

Per fare esempi più semplici se sei andato in ristorante giapponese avrai notato uno sguardo infuocato quando ti guardano oppure avrai visto dei film o delle interviste a Bruce Lee. Aveva sempre lo sguardo basso tranne quando recitando attaccava gli avversari o durante le interviste quando voleva esprimere un concetto con forza.

I giapponesi evitano il contatto visivo perché fortemente condizionati da una cultura basata sulla storia feudale basata su classi sociali molto rigide. Alla gente comune era proibito avere contatti con i samurai perché poteva costare loro la vita.

Nonostante questo sistema non esista più l'impatto emotivo è tuttora radicato nella loro psiche poiché il loro inconscio suggerisce di evitare di guardare negli occhi come forma di rispetto.

Noi occidentali invece non proviamo questo profondo disagio se veniamo guardati correttamente. I genitori educano i propri figli a guardarli negli occhi mentre vengono sgridati perché serve per verificare se hanno capito ciò che viene loro detto. I genitori giapponesi che nella stessa situazione hanno i figli che li guardano negli occhi si sentono invece provocati e sfidati. Ai figli giapponesi viene insegnato a tenere la testa bassa (anche tu avrai visto moltissime volte questo atteggiamento nei film orientali).

Fortunatamente abbiamo il vantaggio di non essere orientali! Altrimenti ti dovrei spiegare come trasmettere una personalità positiva. e propositiva mentre parlando con un giapponese guarderai le nuvole muoversi nel cielo oppure la gente camminare per la strada! L'importante è capire che guardare negli occhi è fondamentale per comunicare. Ed è, anche questo, un modo per Ottenere senza Agire e Osservare.

Prima di passare a capire come guardare le persone mentre parli e ti parlano è basilare Osservare ancora una volta gli altri. Puoi farlo sul posto di lavoro, in mensa, in un centro commerciale o un supermercato. Più è ampia la casistica e più realizzerai quanto poco si guardano le persone mentre parlano. Identifica un gruppo di persone e osservale. Noterai che in un dialogo chi guarda maggiormente negli occhi è colui che riesce a monopolizzare la conversazione. Non intendo, come ti ho già spiegato, monopolizzarla sono in senso letterale limitandosi a parlare più degli altri ma anche ottenendo molta più attenzione anche se interviene poco.

Chi ottiene più attenzione in un gruppo viene definito leader. Quelli che all'interno di un gruppo o in un dibattito a due hanno status elevato mostrano tra le altre cose una voce ferma e mantengono il contatto visivo. Inoltre interagiscono di più con gli altri perché le persone che si aprono più facilmente sono più apprezzate e apprezzano di più la persona con cui si aprono.

L'apertura induce immediata reciprocità. Ad esempio se guardandoti negli occhi ti dico sinceramente quello che penso tu apprezzerai il mio modo di essere diretto e cordiale pertanto sarai indotto ad aprirti a tua volta nello stesso modo. Il rapporto interpersonale tra noi due risulterà vincente. Guardare una persona mentre parli si traduce quindi in sicuri risultati con il metodo di Ottenere senza Agire. Che cosa hai aggiunto in più rispetto a prima? Una cosa apparentemente banale come il guardare mentre si parla ma con i risultati sorprendenti che hai appreso fino a ora. Gli altri non lo sanno ma guardandoli stai Ottenendo senza Agire più attenzione, più fiducia e un rapporto molto più aperto e genuino. Pensa che risultati avresti ottenuto se questo obiettivo lo avessi dichiarato apertamente. È facile pronosticare un esito negativo.

Regola 3: Il costante contatto visivo ti pone in una condizione avvantaggiata rispetto alle persone che tendono a distogliere lo sguardo.

Prima di iniziare con l'esercizio di oggi dovrai Osservare come si comportano le persone mentre si parlano. Potrai farlo osservando i tuoi colleghi, o alla mensa aziendale, o in supermercato o centro commerciale. Osserva quante volte si guardano e ti stupirai di quanto possano essere brevi gli sguardi che le persone si scambiano. La maggior parte comunicano solo con la voce che è comunque importante (come ti spiegherò nei prossimi giorni) ma non è sufficiente per instaurare un fruttuoso rapporto.

Una cosa importante che non devi mai dimenticare è che esiste una differenza fondamentale tra il parlare agli uomini e alle donne. È bene ricordare ancora una volta che gli uomini e le donne ragionano diversamente pertanto devi adottare due comportamenti differenti.

Come hai capito l'uomo può avvertire il tuo guardarlo negli occhi come un atto di sfida. In realtà dopo che ti sarai abituato a praticare questa novità il tuo sguardo migliorerà e acquisterà naturalezza ma all'inizio dovrai badare a non esagerare. Ti consiglio di usare questa tecnica.

Guardalo quando inizi la conversazione e quando lui sposterà lo sguardo altrove tu dovrai mantenere il tuo su di lui perché quando tornerà a guardarti è importante che capisca che tu sei rimasto lì ad ascoltarlo e non ti sei minimamente distratto. In seguito per evitare di creare un'involontaria tensione devi distogliere lo sguardo tutte le volte che lo farà lui e riprenderlo appena lo farà lui. A fine conversazione ritorna a guardarlo negli occhi per rafforzare il concetto e salutalo sempre guardandolo negli occhi (questo atteggiamento crea un legame da uomo a uomo).

Diverso il discorso con le donne. Come hai letto prima la donna usa lo sguardo molto più dell'uomo. Per un uomo è abituale fare dei proclami sul tipo di "adesso vado lì e mi sente!" oppure "la prossima volta ci penso io a fare qualcosa che gli farà cambiare parere!". La donna parla di meno ma lancia molti più messaggi con gli sguardi. Un esempio che vale per tutti quando la mamma prima di sgridare il bambino lo guarda senza dire niente ma comunicandogli all'istante che sono in arrivo dei guai.

Una volta capito che la donna è più abituata agli sguardi avrai intuito che è basilare reggere lo sguardo con lei. Se distogli lo sguardo equivale a farle capire che lei ha il carattere più forte e nel contempo che hai un carattere timido e indeciso.

La conseguenza sarà che le farai inevitabilmente tenerezza ma non ti considererà più come maschio. Questo non significa che ti tratterà male perché non è nella loro natura. Avrai semplicemente perso molti punti nell'invisibile confronto fra maschio e femmina. E ti considererà un uomo debole e manovrabile, non per questo da disprezzare ma pur sempre un debole nei momenti in cui dovrai fare emergere il tuo carattere.

Sulla base di quanto hai appreso non preoccuparti di guardare troppo negli occhi una donna perché in questo tuo atteggiamento non vede una sfida bensì un carattere ben delineato e di conseguenza affidabile.

Per evitare di diventare strabico puoi guardarla alternando gli occhi alla bocca (per brevi istanti) per poi tornare sugli occhi. E poi non trascurare il passaparola delle donne. Colpire con un atteggiamento positivo una di loro significa avere pubblicità gratuita con le altre!

Regola 4: Devi Guardare negli Occhi con naturalezza e devi differenziare la durata in funzione del sesso.

Nel prossimo giorno affronteremo le tematiche legate al linguaggio e alla gestualità. La solita raccomandazione che ti faccio è di mettere in pratica tutto ciò che apprendi in ogni giorno senza farti prendere dalla smania di leggere quello successivo!

Hai capito che ogni giorno impari qualcosa che si incastra alla perfezione con quello che hai assimilato in precedenza pertanto non avere fretta di imparare cose nuove! Al contrario non trattenerti dal provare subito i metodi che apprendi o a fare esperimenti se ti vengono in mente delle idee da applicare! L'impegno sarà subito ripagato dalle nuove esperienze!

Riepilogo del Giorno 4:

Regola 1: Ascoltare e sentire sono due cose diverse. Sapere Ascoltare è importante per acquisire informazioni.
Regola 2: Guardare negli Occhi è importante perché ti consente di trasmettere interesse e instaurare un rapporto emotivo più profondo.
Regola 3: Il costante contatto visivo ti pone in una condizione avvantaggiata rispetto alle persone che tendono a distogliere lo sguardo.
Regola 4: Devi Guardare negli Occhi con naturalezza e devi differenziare la durata in funzione del sesso.

Esercizi:
Non limitarti a testare le tecniche con i tuoi conoscenti. Fai "la prova del nove" entrando in un qualunque negozio ad acquistare e alla cassa dopo avere pagato applica ciò che hai imparato nel giorno precedente catturando l'attenzione sorridendo e amplificandola guardando negli occhi. Se è un uomo noterai cordialità, se è una donna non stupirti se sobbalzerà o se le si dilateranno le pupille!

Miglioramenti:

Lo sguardo è importante pertanto se lo nascondi dietro a degli occhiali cerca appena possibile di valorizzarlo con delle lenti a contatto. Esistono in commercio lenti che hanno le stesse caratteristiche delle lenti per occhiali a un prezzo decisamente abbordabile.

Giorno 5
IL LINGUAGGIO INTEGRATO - LE PAROLE E I GESTI

In questo Giorno imparerai a comprendere e migliorare le dinamiche legate alla comunicazione. È prassi comune pensare che comunicare equivalga a parlare. Apprenderai presto che è una semplificazione eccessiva di chi non si sofferma a osservare.

Al contrario tu stai diventando sempre più esperto nel comprendere che non è sufficiente guardare. Il linguaggio riguarda tutto ciò che esprimiamo quando ci troviamo di fronte a una persona. Nei giorni precedenti hai imparato a inviare degli efficaci messaggi che riguardavano:

- La Presenza rappresentata dal Look e dall'Immagine. Il messaggio che invii mira alla sfera più razionale poiché tutti possediamo una parte che si occupa di giudicare in base alle impressioni generali (il cosiddetto colpo d'occhio).

- Il Sorriso e il Portamento. In questo caso punti in direzione della parte più emotiva. Comunicare sensazioni piacevoli ti aiuta a sviluppare e pensieri positivi.
- Guardare negli Occhi e Ascoltare: questi atteggiamenti sono il naturale preludio al linguaggio. Non hai ancora comunicato nel vero senso della parola ma stai informando chi ti ascolta che sei intenzionato a partecipare attivamente ai suoi giudizi e pensieri.

Il riepilogo ti serve a capire che fino a ora hai già comunicato a un livello più profondo di quello verbale e ti sei preparato un terreno fertile sul quale iniziare una proficua e gradevole chiacchierata. Ti sei caricato di energie positive e le hai inviate sotto forma di informazioni visive. Il tuo prossimo, e facile, obiettivo sarà continuare con questo stile e comunicare altrettanto efficacemente !

Quali sono gli elementi che caratterizzano il linguaggio e la comunicazione? La prima cosa a cui stai pensando sono le parole infatti la loro importanza è così evidente che negli ultimi trent'anni si è evoluto il modo di esprimersi. In periodi in cui i paesi civilizzati evitano di scatenare guerre si è pensato di non "fare del male" nemmeno con le parole. Sono nati infatti gli eufemismi come "uomo di colore" o "non vedente". Le ragioni non sono ipocrite ma mirano bensì a educare verso il rispetto reciproco che si manifesta anche nel linguaggio. L'ultima evoluzione delle parole è legata al fenomeno della pubblicità.

La pubblicità, soprattutto televisiva, raccoglie i maggiori esperti di linguistica perché deve colpire efficacemente il consumatore. Più sono efficaci le parole e maggiori saranno i ritorni economici. Deve contenere parole e slogan che rimangano impresse nella mente e la cura con la quale vengono scelte le parole deve farti capire quanto è importante esprimersi nel modo corretto.

L'analogia con la pubblicità e fondamentale per comprendere non solo le parole da utilizzare ma anche quello che "non devi dire" mentre parli (e anche di questo aspetto parleremo nei prossimi minuti). Per farti capire quanto siano importanti le parole ti basti pensare che è al vaglio una regolamentazione che protegga il consumatore dal martellamento di un singolo messaggio ripetuto parecchie dozzine di volte in una settimana. Pensa inoltre ai discorsi che devi sentire da chi ti vuole bene. Anche io in passato ho sentito frasi del genere:

- "Ti devi convincere che per avere successo nella vita devi essere più determinato!"
- "Ti devi mettere in testa che se continui a comportarti in questo modo le cose non cambieranno mai!"
- "Cosa devo fare per convincerti che stai sbagliando?"

I concetti sono giusti ma le "parole" sono tutte sbagliate... Oltre alle parole ti viene in mente qualcos'altro? Non dimenticare la duplicità delle cose che ci insegna il Tao! È vero che le parole sono importanti ma è altrettanto importante la voce. Sei più attirato da una voce femminile morbida e sensuale oppure da una donna che utilizza una voce più secca e meno "musicale"? La voce è importante per rafforzare ciò che si vuole comunicare.

Non sto parlando di inflessioni. È evidente che se vuoi sembrare più determinato devi avere un approccio più incisivo mentre se vuoi essere più delicato deve utilizzare un metodo più dolce. La voce segue le emozioni pertanto il tono si "adeguerà" allo stato d'animo. In situazioni più romantiche la voce si addolcisce e cala di tono. In condizioni più tese la voce si inasprisce e aumenta di potenza. Quello che è importante è gestire la voce nelle situazioni normali, di relax, che sono quelle che riempiono la vita di tutti i giorni (fortunatamente accade raramente di arrabbiarsi).

Prova a pensare a quando chiacchieri su argomenti futili con i tuoi amici con l'unico scopo di rilassarti qualche minuto. Immagina di parlare di sport o di un cinema che hai visto la sera prima. In questo caso non ha una grossa importanza la scelta delle parole perché il discorso non tocca personalmente nessuno dei presenti.

È però importante la voce perché anche parlando di cose banali, e quindi senza valenza, la voce deve trasmettere sempre un implicito messaggio. La tua voce deve sempre comunicare la presenza di un carattere comunicativo e riflessivo. Ricapitolando la prima distinzione riguarda il linguaggio che colpisce l'udito: Parole e Voce. La domanda è: "Ci sono altri sensi possono essere influenzati dal linguaggio?". Ovviamente sì! Anche la vista entra in gioco nell'articolato mondo della comunicazione. Ognuno di noi percepisce infatti i movimenti del corpo. Ma non è tutto perché avverte anche la "velocità" con la quale vengono mosse le parti del corpo. Ti parlerò di quali sono gli errori tipici delle persone quando dialogano e in particolare di quelli che commetti tu. Li eliminerai con i semplici esercizi che ti insegnerò utilizzando, come al solito, la capacità di Osservare e il metodo di Ottenere senza Agire.

Per capire quanto è importante la gestualità e la velocità con la quale viene utilizzata ti fornirò due semplici esempi. Se chiudi la mano destra a pugno e alzi il pollice verso l'alto otterrai quello che negli Stati Uniti viene identificato come l'immagine simbolica di OK. Per enfatizzare il concetto che quello di cui stanno parlando è veramente ok gli statunitensi tendono a muovere la mano avanti e indietro molto rapidamente. Provaci.

È un gesto banale ma di grande impatto visivo quando viene associato a parole del tipo: "sono d'accordo con te!". Prova a rallentare di parecchio il movimento e immagina di usarlo con la persona che hai di fronte. Perde di significato vero? Stesse parole, stesso gesto ma velocità diversa che vanifica la comunicazione.

Probabilmente il tuo interlocutore penserà: “Sta premendo un pulsante? Cosa vorrà dire?” Altro esempio. Ti sarà capitato di vedere qualcuno che riferendosi a una persona agitata dica “stai calmo, è meglio non agitarsi” e assocerà alle parole il tipico gesto con la mano aperta, a palmo rivolto verso il basso, che lentamente esegue dei movimenti verso il basso e verso l’alto. Questa è un'altra associazione molto efficace ma se velocizzi il movimento della mano susciterai perplessità perché chi sta di fronte penserà ”sta palleggiando?”.

Quello che avrai capito è che la comunicazione è un insieme armonico di suoni e gesti. Anche io, come te, ho ricevuto consigli dai miei amici per arginare la mia insicurezza e timidezza ma è inutile fingere sicurezza con le parole se il corpo ti tradisce. Allo stesso modo è vano cercare di trasmettere tranquillità con i gesti se poi ti smascheri con le parole. Riassumendo il linguaggio interessa anche la vista e più precisamente: I Gesti e la Mobilità.

Regola 1: La Comunicazione non è limitata alle sole parole bensì a un insieme di messaggi che trasmettiamo continuamente.

Passiamo quindi ad analizzare, e migliorare, le componenti del linguaggio che hai appreso fino a ora. Iniziamo dalla parte con la quale hai più familiarità.

Le Parole. Come accennato in precedenza le parole sono importanti perché con esse possiamo anche ferire (e ferirci). Quello che capirai tra breve è che non solo è importante un uso giudizioso uso delle parole ma anche di tutto ciò che non si deve dire e che è invece parte integrante dei discorsi di chi è timoroso o insicuro.

Il primo passo verso il miglioramento delle parole deve essere ampliare il tuo vocabolario. Se possiedi un ricco "carnet" di vocaboli sei in grado innanzitutto di comunicare meglio perché puoi adattarti alla persona con cui sta parlando (colta oppure poco istruita). Il secondo vantaggio consiste nella tua maggiore capacità di comunicazione poiché se riesci ad esprimerti con chiarezza ne beneficeranno i rapporti interpersonali. Migliorare il proprio vocabolario non significa che devi diventare come un grosso dizionario che cammina!" Quale impervio traguardo sortirei se subitamente proferissi solo forbiti lemmi?" . Come vedi posso anche parlare molto colto ma se ne risente la comunicazione avrò solo ottenuto distacco e confusione da chi mi ascolta.

Vale anche l'esempio opposto poiché i personaggi della televisione non ci aiutano molto a migliorare il nostro lessico. Sono frequenti i giornalisti, ospiti di talk show, e professionisti vari del settore che azzannano le parole durante i loro interventi o peggio, dopo aver iniziato un discorso, non riescono più a trovarne il filo! Ciò accade perché questi personaggi sono convinti che il loro successo sia sufficiente per una buona comunicazione quando invece la loro oratoria è disarmante.

Quindi se vuoi migliorare il tuo vocabolario puoi farti aiutare dalla televisione ma devi cercare altrove. Il metodo che io adotto quando ho voglia di ampliare il mio vocabolario è cercare un film che ho già visto e ascoltare i dialoghi per qualche minuto.

È importante che sia un film che per te non rappresenta più una novità perché altrimenti saresti distratto dall'intreccio narrativo. Scoprirai che alcuni film utilizzano vocaboli efficaci ed eleganti anche se la palma della maggiore correttezza linguistica la detengono i vecchi film degli anni ’60. Un consiglio immediato che puoi adottare è limitare da subito il verbo “fare”. È molto abusato e ti faccio solo alcuni esempi:

Fare finta = fingere
Farne a meno = rinunciare
Farla finita = smettere
Darsi da fare = impegnarsi
Ho fatto le due di notte = sono rientrato alle due di notte
Faccio nuoto = pratico il nuoto
Fa il liceo artistico = frequenta il liceo artistico

Gli esempi si sprecano. Come vedi è semplice migliorare il tuo vocabolario. È sufficiente dedicare poco tempo per incrementarlo senza impegnarsi nel ricercare parole che siano particolarmente ricercate.

Regola 2: Le parole ti qualificano pertanto utilizza prevalentemente quelle semplici e linguisticamente corrette.

Fino a ora abbiamo parlato di quello che puoi ottenere migliorando il tuo vocabolario perché anche in questo modo puoi Ottenere senza Agire. Infatti migliorare la tua comunicazione ti permetterà di ottenere un aumento di stima da parte di chi ti ascolta. Chi comunica bene viene istintivamente etichettato come persona franca e socievole.

È altrettanto importante capire quello che non devi dire! E nel caso dei timidi o di chi è indeciso è fondamentale perché in caso di errori si vince all'impulso di scusarsi oppure di evitare qualsiasi altro commento. Devi ricordarti due semplici regole:

1) chiedere scusa deve essere usato solo quando serve
2) non devi pronunciare mai più la frase "stavo scherzando"

Il primo punto non deve essere frainteso. Se sbagli devi chiedere scusa, se interrompi due persone che stanno parlando devi chiedere scusa. Quello che da adesso dovrai evitare sarà chiedere scusa per ogni cosa. Alcuni esempi:
- "Scusa, mi presti una penna?" diventa "senti, mi presti una penna?"

- "Scusa, hai visto passare il mio capo?" diventa "ascolta, hai visto passare il mio capo?"

Sono esempi semplici che devi ovviamente personalizzare ma rendono l'idea perché chi ha un carattere timoroso tende a scusarsi anche per le situazioni che non necessitano di scuse. È un intercalare automatico che suscita in chi ascolta un senso di superiorità. È come se tu chiedessi implicitamente "scusa se ti faccio perdere del tempo ma volevo chiederti…."

Per quanto riguarda il secondo punto siamo di fronte a una precisa caratteristica di chi è indeciso e teme di avere provocato un guaio con le sue parole inopportune. Ti sarà capitato di fare un'affermazione e vedere il tuo interlocutore irrigidirsi o rispondere seccamente.

Se le tue intenzioni non erano mirate all'offesa dire "stavo scherzando" significa confermare quello che stavi dicendo mascherandosi dietro a un repentino dietrofront. È molto meglio dire: "Ti sei offeso per qualche cosa che ho detto? Non era mia intenzione". Come vedi sono due semplici esercizi che ti sgravano da due macigni comunicativi. Nel primo caso elimini quella costante sensazione di disturbare le persone, nel secondo acquisisci la coscienza che se non c'è intenzione di ferire, anche in caso di errori, nulla è compromesso!

Regola 3: È importante non usare alcune parole per aumentare l'efficacia dei tuo discorsi.

La Voce. Migliorare la propria voce dovrebbe essere naturale eppure nessuno lo prende in considerazione. Di norma quando subentra questa "necessità" è una conseguenza professionale, ad esempio quando si vuole intraprendere una carriera artistica al cinema, in teatro o come doppiatore professionista.

Il miglioramento dei rapporti interpersonali è una conseguenza diretta del raggiungimento di una migliore padronanza vocale. Avere una bella voce significa essere interessanti e attrarre. Quante volte ti è capitato di essere colpito da qualcuno solo per la sua voce? Usare la giusta voce renderà le tue relazioni sociali più soddisfacenti perché trasmetterai dolcezza se parli a un bambino, sicurezza in discorsi che prevedono un tuo parere o affetto in un rapporto di amicizia o di amore. Ancora una volta le donne, che badano più alla sostanza che ai proclami, ci insegnano la strada da percorrere. Infatti loro migliorano costantemente la loro voce proprio perché sono affascinate dagli uomini con un timbro vivo, profondo e tonante. Avere una bella voce per piacere a se stessi e anche alle donne. Non servono altri incentivi vero?

La cosa migliore sarebbe frequentare un corso di dizione ma l'obiettivo di questo manuale è fornirti dei metodi pratici e immediati che ti consentano di ottenere risultati istantanei. Se stai seguendo i consigli che ti ho dato nel giorno dedicato alla presenza ti starai rendendo conto che il tuo fisico sta acquistando sempre più tonicità. Se stai applicando i metodi che ti ho dato nel giorno dedicato al portamento starai irrobustendo gli addominali.

Entrambe le cose stanno rinvigorendo il tuo fisico e il tuo essere "maschio". Più lo metterai in pratica e più la tua voce diventerà viva e marcata. Come vedi tutti i giorni non sono "isolati" ma si avvicinano sempre di più per formare un unico disegno. Volontà e strategie corrette sono sempre il cocktail vincente! A tutto ciò devi associare la tua sempre maggiore presenza e il tuo essere sorridente e propositivo. Sono tutti elementi che aumentano e stabilizzano la produzione di testosterone che ha il compito di bilanciare il tuo "essere uomo".

Non voglio consigliarti, come fanno tutti, ti frequentare un corso di recitazione perché sono piuttosto impegnativi e richiedono necessariamente dedizione e "strigliate" da parte del tuo istruttore. Sono tutte componenti che possono minare l'entusiasmo e la tua determinazione che devono rimanere sempre alte.

Al contrario preferisco darti alcune indicazioni su ciò che caratterizza la voce di chi è insicuro ripensando al mio passato di ex-timido. Mi riferisco a quello che definisco "nervosismo sociale".

Se hai tendenza a parlare troppo velocemente oppure a ridere nervosamente delle tue battute trasmetterai dei messaggi negativi. Quando si verificano queste condizioni significa che sei assillato dal timore che gli altri perdano interesse a quello che dici. Stai imparando a comunicare su più livelli pertanto non preoccuparti di quello che pensano gli altri. Avrai sempre dei detrattori e dei promotori. È inutile perdere tempo nel cercare l'approvazione di tutti.

Se vuoi dare un immediato incremento al tono della tua voce puoi utilizzare lo stesso accorgimento degli addominali. Trattieni leggermente la pancia in dentro e la schiena si raddrizzerà consentendoti di comprimere blandamente il diaframma. Avrai un immediato ispessimento della voce.

Come al solito esegui questo semplice esercizio senza esagerare! Usa questa tecnica ogni tanto solo quando ritiene che ti possa servire avere una voce un po' più "maschile".

Regola 4: La Voce dona profondità alle tue parole pertanto allenala ad essere sempre più "maschile".

I Gesti. Passiamo alla comunicazione che investe la sfera visiva cominciando proprio dalla gestualità che spesso ci tradisce. Il concetto importante da capire è che anche quando stai zitto il tuo corpo sta comunicando. A maggior ragione trasmette quando stai parlando. Non è possibile separare la mente dal corpo. Prova a immaginare un atteggiamento estremamente violento di un uomo che sta per aggredirne un altro. Avvicinandosi potrà simulare indifferenza ma quando la mente invierà l'impulso di attaccare tutto in lui rifletterà la sua intenzione. I muscoli si irrigidiranno, gli occhi diventeranno due fessure e le mascelle verranno serrate con forza.

L'errore comune è pensare che il corpo "trasmetta" solo in presenza di emozioni molti forti quali, ad esempio, l'amore e l'odio. È un concetto totalmente sbagliato perché la correlazione tra mente e corpo non si attiva solo in questi casi. Non esiste un interruttore che ti permette di dissociare quello che pensi da quello che stai per compiere.

Sarebbe troppo bello se il nostro corpo comunicasse solo le nostre qualità. Purtroppo confida anche le nostre debolezze. Se sei in pace con te stesso invierai dei segnali che verranno interpretati in sensazioni piacevoli da chi ti sta vicino. Tutto ciò che hai imparato, e messo in pratica, nei precedenti giorni ti aiuta a "incanalare" questa energia positiva e di avere un secondo risultato, da non trascurare, che ti consente di ammorbidire e sminuire i segnali negativi. Se, per fare un esempio, il tuo corpo invia dei segnali e tra questi tutti tranne uno sono coerenti da parte di chi ti ascolta si ottiene l'immediata cancellazione dell'unico segnale incoerente perché la mente lo definisce ininfluente.

Tutto ciò è possibile perché un singolo gesto non è sufficiente a definire una determinata personalità così come una parola non ha senso se non all'interno di un discorso e quindi insieme ad altre parole. È quindi necessario osservare la completezza dei gesti per avere un'idea precisa sulla correlazione tra parole e gesti.

Quello che stai ottenendo fino a ora è proprio inviare tutta una serie di segnali omogenei che allontanino ogni dubbio da chi ti osserva. Se prima di leggere questo manuale lanciavi principalmente messaggi insicuri e titubanti adesso stai già inviando segnali forti e chiari di una personalità positiva e concreta. Ci sono però gesti che non possono essere modificati e sono, come leggevi poco fa, le espressioni facciali che riguardano la gioia, rabbia, sorpresa, paura e disprezzo per citarne qualcuna.

Questi gesti li abbiamo acquisiti per copiatura da bambini. È impossibile cambiarli. Non possono riuscirci nemmeno coloro che si trovano molto in alto nella scala del potere nonostante, come avrai notato, utilizzino sempre dei gesti molto lenti e misurati.

Sono maestri nell'educare il linguaggio del corpo attraverso un costante controllo emotivo. Sono talmente bravi da riuscire a ingannare perfettamente un occhio poco esperto, ma anche a loro succede di capitolare se intervengono stimoli esterni particolarmente forti. E quando questo accade "esplodono" e il contrasto tra il loro finto linguaggio e quello vero porta ad atteggiamenti che li squalificano agli occhi della gente.

Chi è indeciso o introverso tende a utilizzare pochi e ripetitivi gesti peraltro inequivocabili. La buona notizia è che, anche in questo caso, possono essere risolti rapidamente con dei semplici accorgimenti. La prima gestualità da eliminare riguarda il movimento delle mani. Chi ha un carattere introverso e insicuro ha la spiccata particolarità di muovere le mani mentre parla. Succede anche a te e questi movimenti aumentano a dismisura con l'incrementarsi dell'agitazione. Muovere le mani equivale a rivelare nervosismo e un disperato tentativo di mantenere viva l'attenzione di chi ci sta ascoltando. Si materializza la paura di non dire qualcosa di particolarmente interessante e inconsciamente muovendo le mani enfatizzi ciò che stai dicendo con del movimento aggiuntivo.

Gesticolare con le mani è sempre controproducente. È, senza mezzi termini, un difetto che devi eliminare. Trattandosi di movimenti inconsci non li puoi controllare razionalmente quindi l'unico modo è mettere le mani in tasca.

In questo modo comunicherai un atteggiamento informale e disteso, in poche parole trasmetterai comfort (l'esatto contrario è incrociare le braccia). Mettere le mani in tasca è un gesto che agli uomini è consentito in quanto ha un significato positivo ma che è giudicato sconveniente per le donne che evitano pertanto di utilizzarlo.

La seconda gestualità che devi modificare da subito è rispettare le giuste distanze. La caratteristica di chi "teme" di infastidire un gruppo di persone con la presenza si evidenzia nella distanza che tiene da esse. Accadeva anche a me di conseguenza non pensare di essere l'unico.

Inizia a prendere atto dello spazio che crei tra te e gli altri. Sicuramente quando ascolti gli altri tendi ad allontanarti, per timore di essere inopportuno, mentre quando parli ti sporgi verso il gruppo per enfatizzare il tuo intervento e comunicando inconsciamente "adesso tocca a me parlare quindi ascoltatemi!".

Devi da ora in poi "conquistarti" una posizione che non deve essere troppo lontana e nemmeno troppo vicina. Una volta stabilita devi mantenerla e variarla solo con piccoli spostamenti!

Ti ho già insegnato a tenere le mani in tasca a cui dovrai aggiungere una posizione eretta con il peso del corpo su entrambi i piedi. È una posizione che dà stabilità e comunica una presa di posizione. Ovviamente non devi rimanere rigido come un palo ma l'importante è che tu mantenga la posizione!

Regola 5: I Gesti indicano la tua collocazione all'interno della società pertanto con essi devi comunicare un ruolo attivo e definito.

La Mobilità. L'ultimo aspetto da considerare nella comunicazione che percepisce la vista è la mobilità. Non serve a nulla usare la giusta voce, le giuste parole, i giusti gesti se quelle poche volte che parli spari le parole a mille all'ora oppure quando ti sposti saltelli nervosamente da una gamba all'altra.

Devi calibrare la velocità di esecuzione di questi due aspetti. Per evitare di parlare troppo velocemente è necessario inserire delle pause nel tuo discorso. Il problema è che quando sei abituato a parlare velocemente non è semplice acquisire in tempi rapidi la corretta tempistica. L'unico modo è inserire le pause anche mentalmente. Se ad esempio devi dire:

- "Ieri sono andato in palestra e ho visto una mia amica stava partecipando a una lezione di spinning con una gran foga se continuerà così diventerà così resistente da battere persino gli uomini!"

Se dovessi scrivere questa frase diventerebbe:

- "Ieri sono andato in palestra e ho visto una mia amica, stava partecipando a una lezione di spinning con una gran foga, se continuerà così diventerà così resistente da battere persino gli uomini!"

Purtroppo anche se razionalmente comprendi la punteggiatura quando dovrai pronunciarla sarà ben difficile che tu riesca a rispettarla. L'unico sistema è pensare alle pause pronunciandole mentalmente in questo modo:

- "Ieri sono andato in palestra e ho visto una mia amica PAUSA stava partecipando a una lezione di spinning con una gran foga PAUSA se continuerà così diventerà così resistente da battere persino gli uomini!"

Nei tuoi prossimi discorsi inserisci delle pause mentali. Otterrai il duplice effetto di spezzare il ritmo e di evitare di bombardare chi ti ascolta con dieci parole al secondo. Il sistema è semplice ma funziona perché siamo abituati fin da bambini a pronunciare mentalmente quello che pensiamo e diciamo. La parola PAUSA necessita di un tempo per essere pronunciata mentalmente.

Esistono dei corsi di lettura rapida che insegnano proprio a eliminare questa abitudine di pronunciare mentalmente le parole. Infatti alla fine di questi studi si può raggiungere una velocità di lettura triplicata rispetto a quella iniziale.

Regola 6: La Mobilità deve sempre confermare i messaggi comunicati con i Gesti.

Nel prossimo giorno scoprirai un metodo unico e innovativo che ti consentirà di eliminare i timori che provi quando ti accingi a chiedere qualcosa a una persona. Non ti bloccherai più davanti alle situazioni che fino a ora ti creavano angosce e paure. Prima di passare al giorno seguente metti in pratica tutto quello che hai imparato oggi!

Riepilogo del Giorno 5:

Regola 1: La Comunicazione non è limitata alle sole parole bensì a un insieme di messaggi che trasmettiamo continuamente.
Regola 2: Le parole ti qualificano pertanto utilizza prevalentemente quelle semplici e linguisticamente corrette.
Regola 3: È importante non usare alcune parole per aumentare l'efficacia dei tuoi discorsi.
Regola 4: La Voce dona profondità alle tue parole pertanto allenala a essere sempre più "maschile".
Regola 5: I Gesti indicano la tua collocazione all'interno della società pertanto con essi devi comunicare un ruolo attivo e definito.
Regola 6: La Mobilità deve sempre confermare i messaggi comunicati con i Gesti.

Esercizi:
Prova tutte le tecniche che ti ho suggerito! Comunicare efficacemente serve a fare prendere coscienza a te e a chi ti ascolta che il tuo carattere è ben definito e difficilmente manovrabile.

Miglioramenti:

1) Per imparare nuove parole devi incrementare la tua istruzione e la tua cultura. Sono ottime le riviste che spiegano con termini semplici argomenti che vertono su scienza, costume e cultura generale.

2) Non ridere delle tue battute piuttosto cerca di incentivare la risata con un sorriso.

3) Evita di dire: "Per me è lo stesso, decidi tu" perché denota un carattere passivo e rinunciatario. Piuttosto usa la frase: "A me piacciono entrambe le soluzioni, io incomincerei con questo!"

Giorno 6:
COME PREVEDERE GLI IMPREVISTI CON LA TECNICA DEL SEMAFORO

In questo sesto giorno imparerai a prevedere e gestire l'imprevisto che, a questo punto, diventerà il più delle volte "previsto". Questo apparente gioco di parole serve a introdurre una paura che abbiamo tutti. La paura di sbagliare.

La paura di sbagliare è bloccante. Quante volte hai rinunciato per timore di fallire e di fare la figura dello stupido? Sono pochissimi gli uomini che si buttano a capofitto e ne emergono sempre vincitori. Ancora di meno quelli che ne ricavano delle esperienze positive perché a volte vincere equivale a perdere.

Ad esempio posso diventare un manager investendo tutto ciò che possiedo in un'attività. Per giungere alla leadership del settore devo stritolare la concorrenza con mezzi anche poco ortodossi. Alla fine di questo percorso, che può durare anni, posso ritrovarmi ricco sfondato e affermato imprenditore. E come compagni di avventura una bella scorta di medicinali ansiolitici senza i quali finirei alla rottamazione mentale.

Avere dei timori e utilizzare la tecnica dello schiacciasassi sono facce della stessa medaglia. Da una parte la paura di partire, dall'altra la paura di fermarsi. Quando vedrai un uomo particolarmente affermato e "gasato" non limitarti a guardarlo. Osservalo per capire se è veramente soddisfatto del suo percorso lavorativo e potresti rivalutare i tuoi apparenti "insuccessi" e considerare lui uno sventurato.

Le paure vanno affrontate e calibrate pertanto non serve a nulla sfondare la porta se la maniglia è incastrata altrimenti otteniamo esiti negativi (con grande gioia del falegname che ci riparerà la porta). Affrontare gli imprevisti è uno stato mentale.

Si può imparare grazie all'esperienza e se non basta ci si può affidare a persone più pratiche che possano darci delle utili indicazioni. Quanto tempo avresti impiegato a guidare una macchina senza istruttore? Probabilmente anni senza contare i cartelli divelti! Ciò che è importante capire è che da ora in poi non dovrai limitarti a incassare l'errore ma a imparare dalla esperienza. Ognuno di noi è frenato dai dubbi. Facciamo l'ipotesi di essere una persona che prova interesse per la vela. I pensieri sarebbero prevalentemente questi:

- "Ho visto in televisione parecchie regate e mi piace molto la vela. Ho pensato di iscrivermi a un corso però non so se avrò il tempo per partecipare a tutte le lezioni. E poi non sono propriamente un pesce e dubito che avrò la costanza di continuare a coltivare un hobby di questo tipo. Forse è meglio camminare in collina o al limite andare in vela con qualche amico limitandomi a godermela!"

Io pratico vela e questo esempio è il ragionamento che adottano alcuni miei amici che "vorrebbero" venire con me a imparare. È un caso comune poiché questi atteggiamenti sono in minima parte legittimati mentre in tutti gli altri casi sono una giustificazione alle proprie paure. Sono quelli che io definisco come "Sovraccarichi di informazioni". Tempestano al tal punto il cervello che ottengono un blocco totale delle azioni.

Accade che sia molto meglio spiegarsi razionalmente perché una cosa potrà non funzionare piuttosto di ammettere che si teme di affrontarla. In realtà questo raziocinio negativo andrebbe ribaltato e utilizzato per affrontare le proprie incertezze. Il metodo corretto di ragionare sarebbe:

-"Ho visto in televisione parecchie regate e mi piace molto la vela. Ho pensato di iscrivermi a un corso e anche se non avrò il tempo per partecipare a tutte le lezioni avrò comunque fatto esperienza. Anche perché non sono propriamente un pesce e mi servirà a prendere più confidenza con l'acqua. Per camminare in collina non è un problema perché posso andarci quando voglio. E poi quando avrò occasione di andare in vela con qualche amico gli chiederò di provare e potrà darmi dei consigli utili!

Stesso concetto con esiti differenti. Come vedi non ho preso il toro per le corna. Non ho pensato: "Vado, imparo e vinco la mia prima regata". Quest'ultimo esempio indica un carattere senza bussola, allo sbando quanto quello dell'indeciso. Questi casi servono a capire che le paure sono prettamente condizioni sociali. Se una cosa la praticano tutti non è più definita una paura. Se tutti praticassero vela non avresti più questo problema. È come guidare la macchina. Facciamo l'ipotesi che solo pochi abbiano la possibilità di guidare. La maggior parte delle persone penserebbero:

- "Mi piacerebbe guidare però ho sentito che non è così semplice. Per incominciare ci sono un sacco di cose da imparare (marce, frecce, pedali). Poi una marea di segnali, e se mi trovo di fronte a un segnale che non conosco? Per non parlare della manutenzione, altri soldi che se ne vanno, e gli imprevisti come le buche e incidenti vari. Meglio andare a piedi!

Ti ho dimostrato come una cosa banale come prendere la patente possa diventare un dilemma di proporzioni bibliche. Eppure tutti questi problemi esistono realmente! Però non sono considerati perché siamo abituati a vedere milioni di persone che li affrontano quotidianamente pertanto sono "socialmente superabili".

Regola 1: Tutti i giorni prendi decisioni ma non ne hai coscienza poiché sono comuni e pertanto non temi di sbagliare.

L'obiettivo di questa giornata sarà affrontare e superare gli ostacoli con la stessa calma con la quale guidi la macchina tutti i giorni. Non pensare che sia difficile perché è sufficiente superare i piccoli ostacoli quotidiani con scappatoie strategiche come la Tecnica del Semaforo che è la più importante.

Per comprendere a fondo questa tecnica citeremo un cartone animato famosissimo negli stati uniti e anche in Italia. Willy Coyote (da noi ribattezzato Vil Coyote) e Beep Beep. Lo avrai visto anche tu quello sfortunato coyote che si ingegna nel catturare il furbo struzzo.

Gli stratagemmi sono geniali ma sortiscono sempre lo stesso sterile risultato. In parte perché Vil Coyote finisce vittima dei suoi cervellotici marchingegni e in parte perché Beep Beep è preparato ad affrontare e risolvere gli imprevisti.

Tornando a esempi più concreti pensa ai marines. Essi sono un corpo speciale degli Stati Uniti addestrati ad affrontare l'imprevisto. Non credere che siano superuomini dotati di intelligenza sovraumana. Sono semplicemente uomini rocciosi che hanno assimilato una grande varietà di casistiche e hanno imparato ad affrontarle con i metodi più efficaci. I soldati dei corpi speciali si affidano non solo a equipaggiamenti molto sofisticati ma soprattutto alla memoria di situazioni già simulate centinaia di volte. E in caso di imprevisti hanno delle linee guida dalle quali non possono assolutamente discostarsi per non compromettere le missioni.

Anche noi gente comune siamo "addestrati" ad affrontare gli imprevisti. Ad esempio tornando al discorso della macchina tu sai che mentre guidi se senti un rumore sospetto devi fermarti, capire da dove deriva il problema e se non riesci a risolverlo devi fare intervenire chi è più competente di te. Si tratta di un "addestramento involontario" che devi imparare ad applicare anche nella vita quotidiana.

Passando alle applicazioni pratiche recentemente ho assistito a un caso di panico davanti a un imprevisto quotidiano. Entro in una farmacia piuttosto affollata e proprio in quel momento il cliente chiede al commesso un medicinale. Gli viene risposto che lo hanno terminato ma che è possibile acquistare un medicinale generico di tipo equivalente. Panico! Il cliente si blocca e farfuglia che era la prima volta che non trovava il prodotto è che non sapeva se fosse la stessa cosa. Incalzato dal silenzio del commesso che attendeva una risposta e dalla presenza delle persone che aspettavano il loro turno il cliente decide di acquistare il medicinale. Paga ed esce a testa bassa imbarazzatissimo.

È il tipico atteggiamento di chi non è abituato ad affrontare gli imprevisti e trae forza dalla routine. Appena la routine si spezza crollano le basi comportamentali ed entra in tilt. Questo esempio serve a farti capire che non deve necessariamente accadere qualche cosa di grosso per congelare i tuoi pensieri.

È invece molto più probabile che tu reagisca con prontezza, per paradosso, se un meteorite si schiantasse in mezzo a una strada e tu dovessi decidere che comportamenti adottare per superarlo o fare fronte ai disastri che provocherebbe l'impatto. L'indeciso, il timido e il timoroso non hanno paura della fine del mondo bensì delle piccole cose quotidiane che sottovalutano e che li colgono impreparati! D'ora in poi preparati mentalmente ai piccoli imprevisti. È evidente che non sarebbe logico prevedere tutto pertanto dai precedenza alle situazioni in cui sei circondato dalle persone. Sono quelle che risultano essere le più ostiche perché si è tremendamente coscienti che qualcuno ci sta osservando e sta valutando le nostre reazioni.

Un mio amico una sera è uscito in gruppo e in un locale ha visto la sua ex fidanzata con altre persone. Ha esordito dicendo "Andiamo a salutarla, poverina è trascorso un anno ma non ha ancora trovato un uomo che l'abbia voluta dopo di me!". Si è avvicinato e la sua ex le ha presentato il futuro "marito" perché dopo solo un mese di frequentazione hanno deciso di sposarsi.

Imbarazzato fino all'inverosimile il suo viso ha assunto tutte le colorazioni dell'arcobaleno quando impreparato all'evento ha sentito come un macigno la presenza dei suoi amici e le reazioni divertite che sono seguite. Senza contare le prese in giro che sono seguite appena la ex fidanzata si è allontanata. Era un fatto banale che andava gestito prevedendo l'imprevisto dicendo "Andiamo a vedere se la mia ex ha finalmente trovato un uomo. Magari è uno di quelli!".

Regola 2: Prevedere gli imprevisti è molto semplice. È sufficiente pianificare una facile "scappatoia" mentale.

Fino a questo punto hai imparato a educare i tuoi pensieri verso una previsione razionale dei piccoli ma bloccanti imprevisti quotidiani. Esiste una grande paura che tutti percepiscono e che pochi sanno gestire ed è quella di chiedere le cose.

Quando pensi di chiedere a una persona qualcosa puoi essere colto un'incontrollata paura. I primi esempi che mi vengono in mente sono:

1) chiedere a una donna di uscire a cena
2) chiedere un aumento di stipendio o di categoria al tuo capo

Sono domande scottanti perché nascondono l'insidia del rifiuto associato al rammarico di avere inutilmente scoperto le carte senza avere ottenuto nulla. Eppure chiedere non è così difficile basti pensare a quando chiedi informazioni a un passante. Ti sei mai chiesto perché in questo caso non hai paura di chiedere? Non è solo una questione di emozioni in gioco perché altrimenti potrei risponderti che quel passante potrebbe essere un indisponente scorbutico. Tu gli chiederesti un'informazione e lui non ti risponderebbe continuando a camminare per la sua strada senza degnarti nemmeno della tua presenza.

Nonostante questi e altri imprevisti, per quanto poco probabili, siano da prendere in considerazione tu riesci a chiedere tranquillamente informazioni agli sconosciuti perché il tuo inconscio ha sviluppato e metabolizzato la tecnica del semaforo.

Nel dettaglio funziona così:
- "Buongiorno, saprebbe indicarmi dove si trova lo studio del notaio?"
1) Semaforo Verde: "Certo, è proprio dietro all'angolo. È il primo portone a sinistra"

2) Semaforo Giallo: “Non saprei, se mi dice di cosa si occupa normalmente questo notaio potrebbe venirmi in mente”
3) Semaforo Rosso: “No, non sono di questa città”

Vediamo ora quale risposte adotteresti:
- “Buongiorno, saprebbe indicarmi dove si trova lo studio del notaio?”
1) Semaforo Verde: (“Certo, è proprio dietro all’angolo. È il primo portone a sinistra”) –“Molto gentile, buona giornata!”
2) Semaforo Giallo: (“Non saprei, se mi dice di cosa si occupa normalmente questo notaio potrebbe venirmi in mente”) – “Se le dico che divide lo studio con un avvocato può esserle di aiuto?”
3) Semaforo Rosso: (“No, non sono di questa città”) – “Grazie ugualmente, chiederò a qualcun altro”

Come vedi la tua mente si è preparata tutte le alternative possibili e le gestisce con tranquillità perché ha pianificato tutte le ipotesi. Il compito che ti spetta ora è adattare la Tecnica del Semaforo con la vita quotidiana. Il blocco psicologico più comune negli uomini è quello che deriva dal rifiuto delle donne.

Regola 3: Per la tua mente non c'è differenza tra un grande o un piccolo contrattempo. Esiste invece una reazione diversa tra una mente preparata oppure incapace a reagire a queste eventualità.

Chi non ha mai desiderato di invitare a cena una donna particolarmente bella e avvenente? Non è questione di avere coraggio. Un dottore che vive per un anno in un villaggio dell'africa a contatto con molte malattie contagiose possiede il vero coraggio. I vaccini possono funzionare oppure essere debellati da una mutazione del virus. Il dottore non può essere sicuro di scamparla al 100%. È un rischio che corre perché ha uno spirito risoluto e intrepido.

Al contrario il domatore che infila la propria testa nella bocca del leone non è coraggioso perché si è cautelato con un rischio calcolato poiché in realtà non rischia nulla. Quando non chiedi a una donna di uscire a cena non lo fai per mancanza di coraggio pertanto smettila di pensare a te stesso come a un fifone.

Non osi chiederlo perché la tua mente ha analizzato con la Tecnica del Semaforo tutte le alternative e non ha trovato una soluzione efficace al Semaforo Rosso! A essere precisi non ha nemmeno contemplato il Semaforo Giallo pertanto in caso di tentennamenti l'esito sarà inesorabilmente Semaforo Rosso! Ancora una volta le donne ci soverchiano perché loro invece hanno assimilato a tal punto questa tecnica da avere spesso le risposte pianificate. Non contente hanno soluzioni anche più complesse per situazioni in cui intervengano altri fattori "imprevisti". Questi fattori se gestiti male trasformano il Semaforo Verde in un Giallo e nella peggiore delle ipotesi anche un Rosso. Da ora in poi quindi ragiona e pianifica con la Tecnica del Semaforo. Facciamo il primo esempio. Non importa se sei sposato o fidanzato perché l'importante è che tu capisca il concetto. Se invece sei single ti sto dando un consiglio che è oro colato!

In questo esempio vuoi chiedere a una donna di uscire con te:

- " Vorresti uscire una sera a cena?"

1) Semaforo Verde: "Volentieri, dove avevi intenzione di andare?"

2) Semaforo Giallo: "Non saprei, ultimamente sono sempre piuttosto impegnata…"
3) Semaforo Rosso: Risposta A, "Non mi sembra il caso, rimaniamo amici". Risposta B, "Scusa ma sono fidanzata!"

Pensa a come risponderesti a "ognuna" di queste risposte...... Fatto? Allora procediamo all'analisi. Innanzitutto chi non affronta gli imprevisti può capitolare in tutte le casistiche. Infatti:
1) Sul semaforo verde potresti esserti inconsciamente convinto che "tanto mi dirà sicuramente di no" e colto di sorpresa vanificherai tutto con balbettamenti e indecisioni varie. E lei che fino a ora aveva visto un uomo interessante avrebbe subito perso gran parte dell'interesse iniziale.
2) Sul semaforo giallo devi prepararti un incentivo, qualcosa che la spinga a prendere una decisione.
3) Sul semaforo rosso atteggiamento da perdente, voce e gestualità dello sfortunato a cui "non ne va mai bene una" .

Vediamo ora come rispondere correttamente pianificando il Semaforo:
- " Vorresti uscire una sera a cena?"

1) Semaforo Verde: ("Volentieri, dove avevi intenzione di andare?") – "Avevo pensato di andare in quel nuovo ristorante che hanno aperto sul lago, me ne hanno parlato bene, proviamolo insieme!"

2) Semaforo Giallo: ("Non saprei, ultimamente sono sempre piuttosto impegnata...") – "Sei così impegnata da smettere di mangiare? Un'aliena!"
3) Semaforo Rosso:
- Risposta A, "Non mi sembra il caso, rimaniamo amici" –"Non ti ho detto che avrei accettato! Avevi la faccia di una che stava pensando quello! Ho già una relazione con un'altra donna che ho conosciuto da poco!".

- Risposta B, "Scusa ma sono fidanzata!" – "Ehi, non ho chiesto il tuo stato civile! Una mia amica sta organizzando una cena e potete venire anche voi. Naturalmente io passerò la serata con lei perché mi interessa!"

Come vedi le soluzioni sono semplicissime! È sufficiente un minimo di strategia e pianificazione e affronterai tutti gli imprevisti con la coscienza di avere, per paradosso, tutti i semafori sul Verde! Il tuo tono sarà sicuro e determinato perché hai già vissuto mentalmente questa situazione!

Al contrario lei si troverà ad affrontare un clamoroso effetto boomerang poiché sarà abituata, dopo la sua risposta, a vedere atteggiamenti remissivi o al massimo sentire dietrofront improvvisati e con toni balbettanti. Solo tu le hai risposto in questo modo e senza esitazione! Semaforo rosso per Lei! A questo punto l'unico pericolo è che tu ti faccia prendere troppo dall'entusiasmo. Attenzione a formulare la domanda giusta!

Io ti ho detto di dire: "Vorresti uscire una sera a cena?" perché questo apre molte alternative. In caso di semaforo Rosso ribalti su di lei la domanda facendole capire che ha clamorosamente frainteso la domanda! È ovvio che se le chiedi: "Mi piaci e sei simpatica, ti và di uscire a cena una sera?" oppure" Dai, usciamo una sera a cena che ci divertiamo".

Queste frasi sono pessime perché sono univoche. La tecnica funziona se viene usata correttamente. Se guidi una macchina perfetta a occhi chiusi andrai inevitabilmente a sbattere contro un muro! Passiamo al secondo esempio. L'ipotesi è che tu voglia chiedere un aumento di categoria per esempio da commerciale semplice a capo settore.

Innanzitutto immaginiamo di trovarci davanti al titolare e dopo avere parlato di lavoro passiamo all'attacco. Il primo passo è formulare la domanda corretta:

- " Vorrebbe passarmi a capo settore?"

Adesso ti elenco le possibile risposte e contro-risposte:

1) Semaforo Verde: "Ci pensavo da parecchio tempo perché mi piace come lavora! Quanto vorrebbe di aumento?" a cui tu risponderesti "Un'idea ce l'avrei, potrebbe incominciare con il dirmi che cifra ha stabilito per il mio collega che ha la mia stessa categoria"

2) Semaforo Giallo: "Non saprei, ultimamente abbiamo altre spese..." a cui seguirebbe la tua risposta "Lo comprendo, ma in ogni budget sono comprese anche le strategie retributive..."

3) Semaforo Rosso: "Non si offenda ma per quest'anno non sono programmati degli aumenti di categoria" a cui ribatteresti "Infatti

non l'ho chiesto. Mi incuriosiva sapere se erano previste delle crescite professionali nell'anno corrente"

Come vedi la Tecnica del Semaforo è efficace e molto semplice. La tua coscienza di avere una risposta pronta per ogni eventualità ti pone in uno stato mentale vincente. Se queste risposte le utilizzassi pensandole sul momento anche se le parole risulterebbero giuste non utilizzeresti il tono corretto e saresti poco convincente. Ma se hai già "preventivamente" pensato a cosa dire il tuo tono sarà efficace e ribalterai la difficoltà al tuo interlocutore. Perché a questo punto sarà lui a dovere ribattere a una risposta che non si attendeva! Semaforo rosso per Lui!

Questa tecnica può essere applicata a qualunque caso in cui sia necessario porre una domanda con l'intenzione di ottenere qualcosa. È il naturale completamento del Metodo di Ottenere Risultati senza Agire poiché otteniamo senza insospettire il nostro interlocutore.

In più con la Tecnica del Semaforo modelliamo una domanda esplicita e le relative risposte. In questo modo hai un controllo a 360 gradi su tutte le tipologie comunicative.

Non dimenticare che come tutte le cose semplici anche la Tecnica del Semaforo va usata innanzitutto con un minimo di accortezza, senza abusarne, e soprattutto la devi utilizzare per scopi corretti. In caso contrario contrasterà con tutto il lavoro svolto in precedenza. Infatti non puoi applicarla separatamente a tutto il resto poiché non è un caso che io l'abbia inserita nel sesto giorno.

Regola 4: La Tecnica del Semaforo ti abitua a ragionare diversamente. Non serve a nulla sperare che tutto vada liscio. Al contrario serve che tu sia cosciente di un eventuale e piccolo imprevisto.

In questi giorni ti sei costruito un'immagine di uomo Vincente che trasmette sensazioni positive pertanto tutte le risposte che darai con la tecnica del Semaforo saranno coerenti con questa figura. Se ti avessi proposto questo metodo al primo giorno non avrebbe prodotto nessun risultato perché avrebbe contrastato con la tua precedente immagine di uomo indeciso.

Nel prossimo e ultimo giorno utilizzeremo ciò che hai imparato nei primi sei capitoli per spiccare un ultimo e definitivo salto di categoria nelle relazioni interpersonali! Ripassa bene e metti in pratica ciò che hai appreso in questo giorno iniziando con situazioni semplici. L'importante è capire che con la determinazione e le strategie giuste è facile e gratificante affrontare la vita con successo!

Riepilogo del Giorno 6:

Regola 1: Tutti i giorni prendi decisioni ma non ne hai coscienza poiché sono comuni e pertanto non temi di sbagliare.
Regola 2: Prevedere gli imprevisti è molto semplice. È sufficiente pianificare una facile “scappatoia” mentale.
Regola 3: Per la tua mente non c’è differenza tra un grande o un piccolo contrattempo. Esiste invece una reazione diversa tra una mente preparata oppure incapace a reagire a queste eventualità.
Regola 4: La Tecnica del Semaforo ti abitua a ragionare diversamente. Non serve a nulla sperare che tutto vada liscio. Al contrario serve che tu sia cosciente di un eventuale e piccolo imprevisto.

Esercizi:
Esercitati usando la pianificazione degli imprevisti. Come tutti i meccanismi semplici acquista rapidamente valore e viene acquisito immediatamente se lo pratichi con costanza

Miglioramenti:
1) Tutto serve nella vita. Anche le persone antipatiche.

Se vuoi verificare i tuoi progressi nel prevedere gli imprevisti sfrutta gli antipatici (su argomenti futili mi raccomando). Se hai previsto con precisione le loro possibili risposte significa che stai applicando benissimo le tecniche. Se non ci sei riuscito completamente ne approfitterai per affinare la tua tecnica. Meglio se sono donne perché sono più razionali e pensano più rapidamente

2) Quando avrai compreso a fondo la tecnica potrai passare al livello successivo che prevede l'uso delle domande univoche. Ad esempio tornando agli esempi della cena e del lavoro riuscirai a porre delle domande dirette e a gestire correttamente e con fermezza anche le situazioni da Semaforo Rosso. Non utilizzare questo miglioramento fino a quando non ti sentirai sicuro del livello "base". Quando sarà il momento lo avvertirai inconsciamente pertanto non pensare a individuare il momento giusto.

Giorno 7:
COME CREARE E PRESERVARE IL COMFORT

Sei arrivato all'ultimo giorno di questo manuale. Scommetto che il tuo modo di pensare e di agire è completamente cambiato da quando giorni fa ti accingevi a leggere la prima pagina. La grossa differenza che è maturata in te riguarda il modo in cui stai focalizzando la tua vita.

Non è più uno scorrere passivo di avvenimenti bensì un avvicendarsi di eventi dove sei tu a decidere i modi e i tempi da utilizzare per assecondarli al tuo nuovo stile di vita. Hai imparato come si diventa protagonisti e non semplici spettatori delle situazioni che vivi!

Un esempio pratico te lo fornisco con questa immagine. Pensa di parlare in un locale con un'amica. In lontananza vedi un uomo dalla vigorosa presenza. È curato esteticamente e ha un aspetto che si integra con il suo stile. Vede la tua amica e si dirige verso di voi con un portamento naturale. Ha un viso sorridente e cordiale. Si presenta a te e comincia a chiacchierare con entrambi.

Ti presta attenzione quando parli guardandoti negli occhi e quando parla la sua voce e la sue parole sono armonizzate con i suoi gesti mai esasperati o guizzanti. Quando parla e tranquillo come se non avesse timore di essere colto in contropiede.

Nel complesso trasmette una forte positività. Personalmente non hai ancora potuto valutarlo concretamente ma in pochi minuti ha già ottenuto la tua simpatia e ritieni che potresti fidarti di lui. E pensi: "Cavolo, potessi essere come lui!".

Ma tu sei lui! In questi capitoli hai appreso tutto ciò che serve per rispecchiare esattamente questa figura maschile. Se ti avessi detto una cosa del genere al primo giorno avresti pensato che non saresti mai riuscito a vincere questa titanica scommessa. Invece non solo hai tutti i mezzi a disposizione per vincerla ma anche per continuare a mantenerla in futuro e hai ottenuto tutto ciò con la giusta determinazione e le tecniche giuste!

Non ha importanza se non hai assimilato al 100% tutti i capitoli perché è importante che tu abbia capito e agito per ottenere questo risultato finale. L'"Essere Uomo" è una condizione che si autoalimenta. Più lo diventi e più consolidi il tuo stato.

Più lo cementi e più lo arricchisci con nuove sfumature che a loro volta vengono assimilate e cristallizzate. È un percorso a spirale che non ha fine! Sei l'esatto opposto del calciatore professionista che salta per una stagione intera gli allenamenti e perde progressivamente l'abilità richiesta al suo ruolo in campo.

Per concludere questo tuo percorso da Uomo Vincente esiste un ultimo aspetto importante da considerare e riguarda il Comfort. Nell'immagine che ti ho evocato poche righe fa ho scritto: "Personalmente non hai ancora potuto valutarlo concretamente ma in pochi minuti ha già ottenuto la tua simpatia e ritieni che potresti fidarti di lui".

Per quanto una persona possa impressionarti positivamente esiste sempre un margine di dubbio in modo particolare se si tratta di uno sconosciuto. È parte della natura umana poiché alla prima buona impressione deve seguire una prima conferma. La soluzione per velocizzare questo processo è il Comfort. Quante volte ci siamo sentiti ripetere da bambini: “Non toccare!” soprattutto se eravamo nei negozi. Un tale divieto nella logica di un bimbo suona sicuramente illogica e incomprensibile.

Il tatto e il contatto sono la prima e una delle più importanti forme di apprendimento. Uno dei modi per entrare in comunicazione passa proprio attraverso il senso del tatto. Puoi accarezzare un gatto e improvvisamente si metterà a farti le fusa perché in quel momento sei in comunicazione con quel gatto. Puoi stringere la mano a una persona e entrare in comunicazione con lei perché è intervenuto il tatto.

Al giorno d’oggi i contatti corporei diventano sempre più rari perché i messaggi viaggiano vengono veicolati su strade molto neutre. La società tecnologica ci ha abituati a vivere le emozioni a distanza senza un grande coinvolgimento. Accade perché sono mediate da strumenti che distanziano sempre più i rapporti interpersonali e che diventano sempre più specialistici allontanando così la comunicazione classica. Il telefono, il cellulare, gli sms, le chat di internet erano nati per essere "usati" e si sono trasformati in un "abuso". La semplificazione comunicativa offerta dalla tecnologia doveva diventare un supporto per integrare quella quotidiana basata sulla presenza "fisica" delle persone. In realtà si è sostituita ad essa ed ha inevitabilmente affossato le emozioni che la fisicità ci trasmette. E inevitabilmente al crollo delle emozioni è seguito un inaridimento dei contatti fisici peraltro inutili, e impossibili, da trasmettere con i mezzi tecnologici.

Se vuoi comunicare comfort la lingua non è sufficiente perché ha dei limiti sorprendenti quando si tratta di rapporti più intimi. È tutto legato al fatto che non siamo molto bravi nell'esprimere contenuti emotivi con la lingua. La lingua va bene per le amicizie ma è insufficiente nei rapporti più intimi.

In queste situazioni, molto spesso ritorniamo a dei contatti fisici che ci richiamano alla memoria sensazioni efficaci nel produrre effetti legati al rilassamento e alla fiducia. Non è un caso che ai responsabili della gestione del personale venga consigliato di toccare in modo leggero la persona che si sta per licenziare proprio per stemperare i forti sentimenti che scatena questo evento. Il contatto tra persone varia ed è influenzato dalle culture ad esempio quelle mediterranee tendono a determinare una minore distanza tra le persone e un contatto molto più facile. Nel Medio Oriente è usuale che due uomini passeggino a braccetto oppure in una città del sud è frequente baciarsi per salutarsi, anche tra uomini.

Il tatto quindi genera comfort e inoltre non è un caso che ci si stringa la mano. Infatti a questo gesto in tempi antichi era legata la mancanza di ostilità poiché stringendosi le mani si dimostrava di non impugnare un'arma. Esiste anche un altro aspetto culturale che frena i contatti ed è legato all'affollamento degli spazi sociali delle varie culture.

Pensa a un mercato dove tutti evitano di toccarsi oppure pensa a uno studio dentistico o di qualche specialista medico. Se nella stanza è presente una persona e ne arriva una seconda questa non si siede mai vicino alla prima ma abitualmente si posiziona all'estremo opposto. Con l'arrivo di altre persone e con il diminuire delle sedie a disposizione ci si siederà sempre più vicino agli altri fino a occupare tutti i posti disponibili. Un caso analogo di rispetto degli spazi si verifica anche in ascensore dove non ci si deve guardare negli occhi e si finisce inevitabilmente per fissare quei pochi oggetti presenti all'interno dello stesso. Esistono quindi una serie di convenzioni che sono legate al contatto che sono rassicuranti se vengono mantenute e, al contrario, disturbanti se vengono violate.

Fatta eccezione per i casi appena citati devi riscoprire i contatti perché creano comfort proprio perché sporadici e utilizzati oramai da pochissime persone. Un contatto di circa 2 secondi o giù di lì, sfiorando una mano o una parte del corpo, migliora la percezione di comfort da parte dell'interlocutore e facilita l'adesione alle tue richieste, anche uomini.

E' un altro sistema per Ottenere Risultati senza Agire poiché non stai usando nessun metodo di persuasione plateale ma stai ugualmente stabilendo un rapporto fiduciario. In ogni caso non dimenticare che il comfort integra tutto ciò che hai trasmesso di positivo con le tecniche che hai appreso nei precedenti capitoli. Se la tua intenzione è dominare le persone tutto il discorso crolla pertanto limitati a creare comfort solo per fini positivi. Altri esempi di comfort da contatto sono, con gli uomini, battere il cinque oppure dire "sono d'accordo con te, qua la mano!". Con le donne è ancora più semplice poiché hanno cura delle proprie mani e un casuale apprezzamento del tipo "che mani curate che hai" toccandone leggermente una creerà all'istante del comfort.

Se vuoi usare un metodo più soft puoi fare un commento sugli anelli dicendo: "Bello questo anello, è prezioso?" toccandole leggermente la mano. Se i rapporti con le donne sono più intimi, ad esempio con la fidanzata o la tua moglie, il contatto deve essere costante nel tempo. In Brasile e nei paesi caraibici l'uomo è molto più fisico e tocca "da subito" la donna che vuole corteggiare perché comunica una voglia di maggiore intimità.

I balli caraibici come salsa e bachata sono la naturale evoluzione di questa mentalità e si basano su contatti espliciti e permanenti. In Italia i balli sono stati adattati e non possiamo spingerci a tali contatti perché la donna sente la pressione sociale del perbenismo ma ciò non significa che tu debba rinunciare a toccarla nei modi corretti che ti ho pocanzi insegnato.

Regola 1: Toccare nel giusto modo le persone crea il Comfort fisico che ti aiuta a rafforzare la sensazione di familiarità.

Esiste un secondo sistema per creare comfort ed è legato alla parola. Se sei simpatico e spiritoso ne beneficerai da subito poiché colui che ci fa ridere viene subito associato a una situazione positiva. Nessuno è in grado di insegnarci come diventare simpatici.

Al massimo puoi diventare brillante recitando alla perfezione collaudate barzellette oppure aforismi particolarmente arguti. Puoi fare tutto ciò e perdere naturalezza e ancora una volta vanificheresti il buon lavoro fatto fino a ora. Oppure puoi farti aiutare dal metodo di Ottenere senza Agire.

Esistono dei semplici giochetti che stimolano emozioni nelle persone e ti rendono simpatico senza che sia necessario conoscere un repertorio da comico. Sono quei giochi che si basano sull'interpretazione delle immagini. Un tempo erano relegati agli psicologi ma ora hanno sfondato anche nel mondo comune perché creano divertimento anche tra sconosciuti. E nel tuo caso ti consentono di Ottenere senza Agire poiché ti conquisterai la simpatia nelle persone a cui proposto e insegnato il gioco. Come ti accennavo ne esistono parecchi ma io mi limiterò a un paio di essi. Il secondo che ti propongo è di una semplicità disarmante e lascia tutto "il lavoro" al tuo interlocutore pertanto inizio con il primo che richiede una tua partecipazione più attiva.

Il primo gioco che uso spesso si chiama il Cubo. Se lo conosci non dare per scontato che lo sappiano tutti poiché pochi ne hanno sentito parlare e ancora meno se lo ricordano. Si basa su immagini che devono essere interpretate. Non sei un indovino pertanto quando procederai con le interpretazioni divertiti insieme all'amico a trovare quanto il cubo è riuscito a "indovinare" della persona. Ti insegno la versione completa ma è meglio che tu scelga solo le parti che più ti piacciono per evitare di farlo diventare troppo lungo.

Il Cubo. Inizia a dire: "Dunque, immagina di essere in un deserto. Sei su una jeep e guidi indisturbato su questa strada che si perde a colpo d'occhio quando improvvisamente vedi un cubo. È grosso o piccolo? Di che materiale è composto? In che stato si trova?"

"Adesso immagina una scala. Di che materiale è fatta? Quali sono le sue dimensioni? Quanti gradini ci sono? Dove è posizionata rispetto al cubo?"

"Ora immagina qualche fiore. Quanti sono? Dove si trovano rispetto al cubo e alla scala?". "Adesso immagina un cavallo. Colore e dimensioni? Che carattere ha? Come è posizionato rispetto agli altri elementi?". "E alla fine, immaginati una tempesta in questo deserto. Dove si svolge rispetto agli altri oggetti e quanto è forte?"

Passiamo alle interpretazioni. Ti ripeto nuovamente che non devi impostare il gioco come un metodo per dimostrare il tuo valore. Se lo scopo fosse questo dovresti possedere una grossa fantasia per interpretare le risposte e adattarle alla persona che hai di fronte mantenendole neutre ma nel contempo veritiere.

Il tuo obiettivo è creare comfort proponendo un giochino divertente che lascia spazio ai commenti altrui. Ad esempio: "È proprio vero, lui è così!" oppure "meno male che questo non è vero altrimenti ero fritto!". Il clima deve essere giocoso e non serioso. Ti consiglio di iniziare l'interpretazione dicendo: "Con me il cubo le ha indovinate quasi tutte, vediamo cosa succede con te!".

Il Cubo simbolizza la rappresentazione di se stessi. Se è grosso indica una grande autostima quindi se è piccolo suggerisce un carattere più modesto. Se è trasparente indica apertura verso gli altri mentre se è opaco rivelerà un carattere più riservato. Se si trova in buono stato presuppone una vita tranquilla e serena quindi se è rotto o malandato significherà che la vita della persona è un po' agitata.

La scala rappresenta gli affetti (amici e famiglia). Se la scala è composta di materiale solido anche gli affetti sono stabili, al contrario se ad esempio è di vetro indica dei rapporti più delicati con la propria famiglia o amici. Le dimensioni della scala riveleranno l'importanza che la persona dà agli affetti.

I gradini quante persone ci sono a cui si vuole bene pertanto a tanti gradini corrisponderà un folto gruppo di amici mentre a pochi gradini coinciderà pochi affetti peraltro sinceri. La vicinanza della scala al cubo determina l'importanza che hanno gli affetti nella vita di chi ha risposto. La parte della scala puoi anche ometterla se non ti sembra il caso di addentrarti in argomenti troppo personali. Oppure puoi mantenerla ma devi parlare solo di amici e non di famiglia.

I fiori rappresentano i bambini. Tanti fiori indicano la presenza, o la voglia, di essere circondati dai bambini. La posizione dei fiori rivela l'importanza dei bambini nella vita della persona a cui proposto il gioco. Questa parte è particolarmente indicata per la donna. Per l'uomo puoi anche ometterla.

Il cavallo rappresenta il partner. Questa parte devi mantenerla perché scatena forti emozioni e risate. Non deve necessariamente essere il partner attuale ma anche il partner potenzialmente perfetto. Il colore indica i suoi pensieri. Se è bianco significa che è adattabile se invece è scuro significa che ha un carattere stravagante. Le dimensioni designano l'importanza che ha rispetto a chi ha risposto alle domande. Più è grosso e maggiore sarà l'influenza del partner. Il carattere non te lo devo spiegare perché si spiega da sé.

La tempesta precisa i problemi. Più è forte e più è complicata la vita. Se è vicina al cubo indica che sono problemi che ci turbano, se è lontana sono problemi che possono essere risolti in un secondo tempo.

Come intuisci questo è un gioco che crea molto comfort se si punta sul divertimento. È divertente leggerlo ma lo è di più da praticare. Usalo in situazioni in cui vuoi accrescere il tuo stato di uomo vincente! Esiste un'unica controindicazione. Se sei in un luogo rumoroso come ad esempio un locale con musica alta o un disco bar il gioco perde tutto il suo fascino perché dovrai urlare per fare le domande, la persona a cui lo farai dovrà urlare per rispondere e le persone che vi stanno attorno non sentiranno quasi niente e non potranno interagire con commenti divertenti.

In questo caso usa il gioco "Dire, Fare e Baciare". Il gioco sortisce due scopi. Prima di tutto ti diranno: "Questo lo sanno tutti! Lo facevo da bambina/bambino!" a cui tu risponderai "tu conosci la versione da bambina/bambino, ma sai la versione da adulti?". Risposta: "No!". Dire, Fare e Baciare ha lo stesso principio del metodo di Ottenere senza Agire. Serve a farti sembrare simpatico con un gioco originale e divertente nel quale tu non farai nulla. Massimi risultati e fatica a zero! Fatti indicare, ad esempio da una donna, tre persone sconosciute con le quali la persona che partecipa al gioco dovrà:

- Dire: dire di no a un invito a trascorrere una serata insieme perché “a pelle” sente che non riuscirebbe MAI a convincerla.
- Fare: fare una follia perché le sembra proprio una persona interessante e avvenente con la quale “farebbe una pazza fuga d’amore di una sola notte”
- Baciare: baciare e dichiarare amore eterno perché sembra il classico bravo ragazzo da sposare e amare per tutta la vita.

Questo gioco è perfetto per gli ambienti rumorosi. Il divertimento sta nelle risposte brevi e sulle persone che vengono indicate. È un gioco che a differenza del cubo è molto veloce e può essere proposto anche a più persone contemporaneamente.

Puoi trovarne molti altri effettuando una ricerca su Internet. Maggiori giochi avrai da proporre e maggiore sarà il comfort che potrai creare!

Regola 2: I giochi verbali sono utili a conquistare le persone e creare un clima di divertimento generale.

In questa prima parte abbiamo affrontato solo un aspetto del comfort. Hai imparato a crearlo ma devi anche apprendere come preservarlo. Quali sono i fattori che minacciano il tuo comfort? Devi partire dal presupposto che tu hai imparato uno stile vincente ma quasi tutti gli altri non si comporteranno come te.

Inoltre ci sono tipologie di persone che sono predisposte a imporre la loro presenza e altre che "per definizione" ti fanno perdere la concentrazione. Nel dettaglio sono gli sconosciuti, le persone autorevoli e le belle donne. Ognuna di queste tipologie di persone minano la tua essenza e il comfort che stai creando. Per ognuno di essi esiste una soluzione semplice e immediata. Non ne dubitavi vero?

Per quanto riguarda gli sconosciuti la spiegazione è da ricercarsi nel condizionamento che abbiamo subito da bambini quando ci veniva insegnato a "non parlare con gli sconosciuti". In realtà internet ha smitizzato questa figura di mostro cattivo. Anche tu avrai partecipato almeno una volta a un forum e avrai chiesto informazioni a una persona che non conosci e non conoscerai mai. Non sai giudicare la sua competenza eppure ti rivolgi a lui per avere un parere. Nonostante questo nuovo sistema di interagire con gli estranei l'approccio "fisico" con gli sconosciuti non è migliorato.

L'unico modo per superare questo ostacolo è parlare con delle persone che non conosci in situazioni "tranquille". Non devi partire alla conquista fermando per strada cento persone in trenta minuti. Devi semplicemente andare in un centro commerciale o in un supermercato e chiedere un parere su un prodotto.

Ancora una volta stai Ottenendo senza Agire perché non lo fai per avere informazioni bensì per Ottenere un azzeramento del disagio che provi nel parlare con chi non conosci.

Scoprirai che con il tuo nuovo essere vincente le persone ti parleranno cordialmente e volentieri. Ancora una volta, e in questo caso più che mai, prova tutti i suggerimenti che ti segnalo. Come al solito ti stupirai della loro efficacia.

Regola 3: Per preservare il tuo comfort non devi considerare gli sconosciuti come dei potenziali problemi bensì come piacevoli novità.

La seconda tipologia è rappresentata da chi veste una divisa o da chi ha grande autorità. Fortunatamente non tutte queste persone hanno l'abitudine di creare un senso di distacco tra loro e chi si trovano di fronte. Nel caso che vogliano consolidare questa sensazione usano questo sistema perché sono coscienti che dal punto di vista psicologico ed emotivo siamo molto vulnerabili di fronte a chi indossa una divisa o a chi riveste un ruolo di responsabilità.

Soprattutto se si occupa di una materia a noi sconosciuta. Ma l'esperienza insegna che divise, titoli o ruoli non sono sufficienti a garantire la competenza pertanto non sentirti MAI su un piano inferiore rispetto a loro. Queste persone puntano molto sul fattore visivo perché guardano, o meglio fissano, con chi ha coscienza di averne il pieno diritto. Non sono abituati a gente che contraccambia con fermezza il loro sguardo pertanto tu rappresenti per loro un'eccezione che tratteranno con il dovuto rispetto. Un discorso a parte meritano i politici e, in generale, i grandi comunicatori mediatici. Sono persone che, più o meno coscientemente, esasperano i loro comportamenti "non verbali" per migliorare e integrare la loro comunicazione verbale.

Si avvalgono delle tecniche di PNL (Programmazione Neuro Linguistica) stravolgendone il concetto positivo e subordinandolo a obiettivi che mirano a una comunicazione sempre più efficace a livello subliminale. Anche verso queste persone non devi mostrare soggezione poiché tu ora possiedi una comunicazione molto più naturale e positiva di loro.

Regola 4: Devi smitizzare il valore della divisa e di chi ha autorità e portarle al tuo stesso livello per ottenere rispetto reciproco.

Il terzo e ultimo tipo di persone che possono paralizzare il tuo comfort sono le donne! Qualcuno le definisce "la gioia e dannazione di ogni uomo". In realtà solo le belle donne possono farti sciogliere in un bicchiere d'acqua come una pastiglia effervescente. Tra i sopraccitati esempi potrebbe essere l'argomento più spinoso ma in realtà il tuo essere "vincente" è sufficiente per interessarle smisuratamente a te. Le uniche cose che dovrai sempre memorizzare sono le seguenti:

1) la tendenza a ricadere nel baratro del perdente può verificarsi SOLO nel caso di una donna particolarmente bella e affascinante. Per uscire subito da questo tunnel, e non entrarci mai più, ricorda che le belle donne sono a disagio se beneficiate.

Per beneficiate, si intende: ricoperte di attenzioni, troppo affettuosi, troppo gentili, comportamento da zerbino eccetera. Questo loro disagio lo esprimono disprezzando "il perdente" vale a dire l'uomo che non è tale. Se non sei coerente con il tuo nuovo ruolo di Uomo Vincente perderai non solo la tua dignità ma anche l'obiettivo di conquistarla! (più o meno platonicamente)

2) Non tutte le donne particolarmente belle sono anche particolarmente determinate a ottenere fama e successo. La maggior parte hanno solo bisogno di "protezione". Questo non significa che le devi difendere con la clava dai dinosauri bensì devi dare loro un senso di affidabilità e sicurezza. Il tuo nuovo

atteggiamento è più che sufficiente. Non devi aggiungere niente d'altro perché hai già tutto. Ancora una volta stai Ottenendo senza Agire il loro apprezzamento!

Regola 5: Le belle donne hanno molta esperienza nel trattare sempre i soliti comportamenti maschili. Ragiona al contrario per preservare il comfort.

In conclusione ricorda che essere vincenti nella vita non è una condizione saltuaria bensì uno stato permanente che si conferma quotidianamente. Non sei mai stato un perdente. Hai semplicemente perseverato nei soliti comportamenti senza osservare e correggere i tuoi errori.

Quando non eri mentalmente predisposto a modificare le tue regole comportamentali perseveravi nei soliti sbagli e li ripetevi all'infinito. In quel caso l'unica soluzione ai tuoi problemi era aspettarsi un regalo dalla buona sorte ma nulla di più. Ora sei attore della tua vita e non spettatore. Tutto ciò che ti ho insegnato in questo manuale ha un grosso impatto mentale perché la semplicità di tutti i suggerimenti è tale che l'assimilazione è immediata. Quando un giocatore di tennis gioca una partita non pensa mai a come o quando colpirà la palla. Allo stesso modo non si sforzerà di colpirla e dopo il colpo non penserà se il colpo era riuscito oppure no.

Tutto ciò accade perché la palla viene colpita grazie a un meccanismo automatico che non richiede alcun ragionamento tranne un minimo di tattica che riguarderà la traiettoria della pallina. Allo stesso modo tu sei riuscito, e riuscirai sempre di più, a comportarti da vincente senza pensarci in continuazione!

E a questo punto non mi resta che augurarti che i giorni più belli che hai trascorso diventino i più brutti se confrontati con la tua nuova vita !

Riepilogo del Giorno 7:

Regola 1: Toccare nel giusto modo le persone crea il Comfort fisico che ti aiuta a rafforzare la sensazione di familiarità.
Regola 2: I giochi verbali sono utili a conquistare le persone e creare un clima di divertimento generale.
Regola 3: Per preservare il tuo comfort non devi considerare gli sconosciuti come dei potenziali problemi bensì come piacevoli novità.
Regola 4: Devi smitizzare il valore della divisa e di chi ha autorità e portarle al tuo stesso livello per ottenere rispetto reciproco.
Regola 5: Le belle donne hanno molta esperienza nel trattare sempre i soliti comportamenti maschili. Ragiona al contrario per preservare il comfort.

Esercizi:
Esercitati usando tutti i giochi che ti ho proposto e cercano altri da alternare a quelli che ti ho insegnato. Osserva i gesti degli uomini che ritiene vincenti come te e assimila ciò che ritieni

efficace. Un valido esempio è replicare le strette di mano che visivamente hanno un maggiore impatto.

Miglioramenti:

Le donne, siano amiche o da conquistare, gradiscono chi sa leggere loro la mano. Puoi incominciare con il sapere che la linea della vita, guardando la mano sinistra, è quella che parte alla estremità sinistra del polso e sale disegnando una C rovesciata. Se l'argomento ti piace comprati un libro o scarica del materiale gratuito da qualche sito internet specializzato in chiromanzia!

CONCLUSIONE E POTENZIAMENTI

Pensavi che fosse finita? Sei partito su una macchina di fascia media, diciamo un'utilitaria di lusso. L'hai sempre guidata con titubanza senza valorizzare le sue prestazioni. Ora ti ho insegnato a usarla a fondo. La macchina è rimasta la stessa ma sei tu che sei cambiato adottando uno stile di guida diverso passando da semplice conducente a Guidatore. Ora perché non aggiungere degli optional per renderla ancora più scattante e confortevole?

In questa sezione troverai quelli che io definisco i Potenziamenti. Si tratta di esperienze aggiuntive che richiedono un po' di applicazione ulteriore ma che ti ripagheranno del tempo investito. Non è necessario che tu li provi tutti! Ma nemmeno nessuno! Prova quelli che più ti interessano.

Molti di questi io li ho messi in pratica, altri li adotterò nei prossimi mesi e altri ancora si sono materializzati mentre scrivevo questo manuale. Sono suddivisi ordinatamente seguendo lo schema dei capitoli che hai appena terminato di leggere. Puoi saltare direttamente al giorno che più ti ha affascinato oppure leggerli in sequenza ed evidenziare quelli che più ti ispirano. Buona lettura!

Giorno 1. Come Osservare e Ottenere senza Agire

1) Osservare non significa solo guardare quando non si è guardati. Il concetto è troppo limitativo e ti costringerebbe a rimanere costantemente in allarme per non rischiare di essere visto e mettere a disagio chi realizza, improvvisamente, di essere osservato. Esercitati anche nella visione periferica che è importante quanto la vista classica. La visione periferica è stata molto importante per i nostri progenitori perché ha reso possibile a molti di loro di sfuggire ai predatori.

Questa "voglia" di riacquisire il controllo su questa funzione è tornata grazie alle consolle portatili e ai cellulari. Sono presenti in commercio diversi giochi che stimolano il colpo d'occhio e la visione periferica. Non buttarti sulle ultime novità e acquista un gioco "datato" a prezzi modici per il tuo palmare oppure scarica gratuitamente un gioco per il tuo cellulare. Ti divertirai e acquistare una vista molto più ricettiva.

2) Il metodo di Ottenere Risultati senza Agire è un potente mezzo per ottenere dei risultati senza lasciare intendere le tue intenzioni. Puoi usarlo anche nel tuo lavoro per migliorare od acquisire nuove capacità. Un mio amico insegnante lo utilizza per farsi rispettare dagli alunni.

Quando esagerano con il rumore con una scusa si dirige alla lavagna e scrivendo sul di essa fa stridere volutamente, ma con disinvoltura, il gessetto. Il disagio è tale che si diffonde anche a chi non lo percepisce e il silenzio torna a regnare sovrano nell'aula. Un altro mio amico ha un collega che ogni tanto esagera con il linguaggio scurrile e prolungato.

Quando il mio amico è stufo telefona a un dirigente con una scusa e si gira con il microfono verso di lui. Quando il dirigente pretende di sapere chi si esprime in questo modo glielo passa e il collega dopo la ramanzina si zittisce. Ha utilizzato con disinvoltura questo metodo e dopo un paio di queste situazioni gli è sufficiente alzare la cornetta e il collega, per non rischiare, o la smette spontaneamente o esce dall'ufficio. Potenza del metodo di Ottenere Risultati senza Agire !

Giorno 2. Impara ad Armonizzare Look e Immagine

1) Se sei iscritto, o vuoi iscriverti, a una palestra prendi in considerazione un personal trainer. Sono figure professionali che disegnano un allenamento specifico per il tuo corpo e il tuo metabolismo. L'unica cosa che devi considerare è il carattere del trainer.

Alcuni credono di essere ancora sotto l'esercito e usano metodi militari per incentivarti e spronarti a rispettare i programmi. Se proprio hai questa sfortuna rinuncia ma comunque assimila a grandi linee l'allenamento che propongono a chi ha una corporatura simile alla tua. Ti servirà per migliorare il tuo allenamento.

2) Tutti i dottori sono unanimi nel considerare il nuoto uno sport completo che apporta notevoli benefici a tutto il corpo. Te lo consiglio perché contribuisce ad aumentare sostanzialmente il tono muscolare di arti e dell'addome, schiena, zona lombare e cervicale. E infine regola la tua respirazione poiché devi passare da una respirazione più naturale e libera a una respirazione

forzata che deve essere inserita in un ritmo di bracciata a secondo dello stile.

3) Hai mai provato a ballare in discoteca? Non è molto gratificante perché sei da solo. Prova in coppia e troverai nuova linfa! Ballare in coppia è divertente e puoi spaziare tra diversi generi. Puoi buttarti sulle danze standard (Valzer e Liscio), su quelle più scatenate caraibiche e latino-americane (Bachata, Salsa, Mambo), su quelle sensuali argentine (Tango), o sulle divertentissime Jazz (Rock'n Roll, Boogie Woogie).

Io ti consiglio la Rueda che è un ballo caraibico di gruppo che si balla in cerchio e può coinvolgere da un minimo di quattro persone fino ad arrivare al record del mondo di quasi 700 persone! Si cambia continuamente la partner a ritmo più o meno serrato e i comandi possono impartiti da chiunque incluso te ed è tutto ciò che lo rende un ballo unico ed estremamente divertente!

4) Se proprio vuoi tentare la strada della dieta ti consiglio di informarti attentamente sulle possibilità che questo mercato in forte crescita ti offre. La maggior parte non funzionano pertanto

devi informarti preventivamente su quelle di maggiore efficacia. Normalmente sono quelle che ti insegnano ad alimentarti correttamente mantenendo una varietà flessibile sui cibi da scegliere. Puoi ad esempio cercare una dieta che ti consenta di mangiare tutto ciò che vuoi ma che definisca con precisione le proporzioni tra i vari alimenti. Non possono funzionare tutte quelle che vietano assolutamente un alimento a meno che non sia specifiche per dei problemi di salute.

La regola principale da adottare è che devi nutrirti di cibi naturali di primo livello (ad esempio pasta e verdura) dove l'intervento umano, seppure presente, è ridotto. Invece tutto ciò che è stato elaborato dalle aziende alimentari e contiene additivi viene classificato come secondo livello e deve essere considerato solo come uno "sfizio" (ad esempio le bibite gassate e i cibi prefritti).

Un buon libro può esserti di grande aiuto. Un buon dietologo pure ma costa molto di più. Proprio perché devi orientarti su diete che si basino sull'alimentazione, e non sulla rinuncia dei cibi, non pensare che servano solo a dimagrire. Con la corretta alimentazione puoi anche ingrassare se sei troppo magro.

5) Seguire la moda e vestirsi bene è importante ma mai quanto proiettare quello stesso abito nel futuro. L'euro ha rilanciato i sarti che aggiustano e rammodernano capi più datati. Quel pantalone molto "figo" che stai acquistando potrà essere riutilizzato in futuro o dopo tre mesi dovrà essere inevitabilmente relegato a collezionista di polvere? Comprare vestiti richiede scelte temporali a medio termine, i tempi sono cambiati!

Giorno 3. I Benefit dimenticati: Sorriso e Portamento

1) Lo sbiancamento dei denti è consigliato per avere un sorriso al massimo delle sue potenzialità. Quello che però devi tenere presente è che dopo averli sbiancati devi anche curare l'igiene orale. Infatti molto spesso la pulizia professionale dei denti associata a un'igiene quotidiana efficace consente di conservare il bianco naturale dei denti. Non dimenticare infine che i denti, per quanto bianchi, se contornati da una gengiva in cattivo stato non daranno mai un bel sorriso. A maggior ragione impegnati nel lavare i denti almeno tre volte al giorno.

2) Per migliorare il portamento puoi utilizzare anche la tecnologia. Uno dei più nuovi prodotti sul mercato è la barra

flessibile originariamente usata come attrezzo di riabilitazione dai fisioterapisti. Molto efficace contro il mal di schiena, rassoda i muscoli, rafforza gli addominali, aumenta la forza e migliora la postura e il portamento. Si basa sulle tensioni riflesse del tronco e richiede un uso di poco meno di un'ora a settimana. Puoi vederla e provarla anche nei negozi che trattano articoli sportivi.

3) Lo Shiatsu è una pratica orientale che aiuta a regolarizzare e rilassare il sistema nervoso tramite la pressione sul corpo utilizzando principalmente le mani e i gomiti. Viene ristabilito il livello energetico più profondo e in grado di rinforzare la muscolatura delle spalle, del ventre e del dorso migliorando postura e portamento. È molto rilassante e puoi provarlo anche solo con una seduta.

4) Anche lo Yoga aiuta nel portamento ed è una tecnica indiana che mira alla riscoperta del proprio corpo. È una sorta di ginnastica che fonde tecniche mentali e fisiche. Proprio perché si tratta di una disciplina corporale e psicologica a differenza, ad esempio, dello Shiatsu non puoi testarne i benefici con una sola seduta ma dovrai impegnarti costantemente per almeno un mese

prima che tu possa avvertire le prime differenze. Te lo sconsiglio se non hai molto tempo a disposizione o se non puoi garantire la tua frequenza alle lezioni.

Giorno 4: L'importanza di Ascoltare e Guardare negli occhi

1) Ascoltare è molto importante. Esiste una famosa barzelletta che parla di un uomo che sta guidando su una tortuosa e stretta strada di montagna incrocia una donna che guida in senso contrario. Nel momento in cui si incrociano la donna lo guarda e urla "Maialeee!!!". L'uomo abbassa il proprio finestrino e ribatte "Vipera!!!" ma non appena gira il tornante successivo va a sbattere contro un grosso maiale al centro della strada. Morale: Se solo gli uomini stessero ad Ascoltare!

La barzelletta ci spiega che tante volte "ascoltiamo per ascoltare" perché lo facciamo senza interesse oppure "ascoltiamo per rispondere", per avere la risposta pronta. Ti ho già spiegato quanto sia importante ascoltare e adesso ti suggerisco, ogni tanto, di parlare proprio con lo scopo di ascoltare. Fallo con una persona interessante che può raccontarti esperienze affascinanti. Non ti farà perdere tempo ma, esattamente il contrario, ti consentirà di ”investire del tempo”.

2) Hai imparato a guardare negli occhi e avrai finalmente compreso il detto “gli occhi sono lo specchio dell’anima”. È naturale che Osservando, come hai imparato a fare, tu riesca a comprendere l’indole della persona che ti trovi di fronte. In aggiunta a tutto ciò puoi associarla a tutto ciò che hai imparato sul Giorno della gestualità e avrai un quadro generale di chi ti sta di fronte. Quando una persona ti annoia e per educazione la ascolti utilizza quei brevi momenti per comprendere meglio la sua personalità.

3) Guardando negli occhi puoi quindi comprendere la personalità. Ti suggerisco un test divertente. Le persone più positive hanno prevalentemente gli occhi chiari o scuri? E quelle più determinate? Anni fa ho letto un interessante articolo che trattava di studi che dimostravano l’attinenza tra carattere e colore degli occhi. Chi è timido ha buona probabilità di avere gli occhi chiari!

Gli studi hanno evidenziato che chi possiede gli occhi scuri ha una maggiore reattività neurofisiologica e mentale che li rende più scattanti e vivaci rispetto alle persone con l'iride chiara che invece sono tendenzialmente più pacate e riflessive. La spiegazione dipende dalla neuromelanina presente nel nostro cervello che, in funzione della sua quantità, rende il sistema nervoso più o meno eccitabile.

Questa sostanza determina anche il colore della pelle e il pigmento degli occhi. Una maggiore presenza di neuromelanina determina un carattere più battagliero e quindi, ad esempio nello sport, più predisposto alle attività fisiche che richiedano una bassa soglia di reazione come la boxe o il rugby. Al contrario chi ha gli occhi chiari eccellerebbe in sport più misurati come il golf. Io ho stilato le "mie statistiche". Sei curioso? Provaci anche tu!

Giorno 5: Il Linguaggio Integrato: le Parole e i Gesti

1) Le parole come hai imparato sono importanti. Ti ho consigliato di arricchire il tuo linguaggio ma non travisare il mio consiglio. È importante riscoprire le vecchie parole per comunicare con efficacia. Ad esempio è sufficiente sostituire "vai giù a prendere

il martello" con "scendi a prendere il martello" oppure "ieri appena sono passato davanti al negozio che vende il pane ho visto Luigi" con "ieri appena oltrepassato il panettiere ho visto Luigi". Come vedi basta veramente poco e senza utilizzare paroloni.

2) Le parole italiane vanno integrate con quelle straniere ma non vanno sostituite. Ad esempio la famosa lingua inglese è utile se arricchisce la nostra lingua ma non se la sostituisce. Evita di dire: "Mi mancano gli input", ma preferisci: "Mi mancano le informazioni".

Assolutamente da evitare "l'italianizzazione" dell'inglese. Un mio ex collega utilizza il vocabolo "flag" che indica quella "spunta" che viene utilizzata con i computer dai programmi o dai siti (ad esempio quando da un elenco di prodotti da acquistare devi selezionare quello che ti interessa). Non solo non utilizza il vocabolo "spunta" ma ha italianizzato il vocabolo "flag" che si pronuncia fleg trasformandolo nel verbo "fleggare" vale a dire "spuntare"! Il fatto si commenta da sé.

3) Se hai la possibilità di vedere in televisione programmi stranieri sottotitolati in italiano impareraí un italiano veramente corretto perché i traduttori devono conoscere bene entrambe le lingue. Essi infatti non sono viziati da difetti linguistici perché devono tradurre non sono le parole ma anche il senso della frase e dei modi di dire.

4) I chakra sono sette centri simbolici del corpo umano attraverso il quale si muoverebbe una vasta energia. Anche la medicina è concorde sul fatto che i chakra agiscano come valvole energetiche e che siano situati al centro di ghiandole del sistema endocrino corporeo che hanno la funzione di stimolare la produzione ormonale.

Questa affascinante pratica indiana si avvale dei suoni per stimolare le ghiandole e quindi i chakra. I suoni vanno modulati perfettamente in intensità e durata ed è quindi un sistema perfetto per migliorare la propria voce.

5) Un modo divertente per migliorare la propria voce è utilizzare la tecnica degli imitatori. Chi imita non ha una voce

particolarmente versatile semmai ha semplicemente una voce allenata a modificarsi rapidamente e con precisione. Quando sei con i tuoi amici prova a imitare un personaggio che conoscono tutti (ad esempio un calciatore). Si scatenerà presto una gara a chi imita meglio i giocatori più famosi alla quale dovrai ovviamente partecipare anche tu. Imitare i personaggi famosi serve moltissimo a prendere coscienza delle innumerevoli inflessioni della tua voce.

6) Hai imparato ad armonizzare I gesti con le parole per trasmettere messaggi coerenti. Impara anche a usare i gesti per enfatizzare pensieri e sentimenti. L'importante è usarli raramente ma efficacemente. Un gesto efficace è allargare le braccia per esprimere solidarietà e affetto.

Simulare un affondo con la spada dicendo "ti ha proprio colpito quella frase" è un'efficace comunicazione che rafforza il tuo concetto. Sono solo semplici esempi che ti insegnano che gesticolare non ha sempre una valenza negativa. È importante però usare con intelligenza i gesti e non affidarsi al caso.

7) La PNL (Programmazione Neuro Linguistica) è un sistema che evolve l'ipnosi da conoscenza specialistica praticata da pochi eletti a dei livelli più comuni. L'idea centrale della Pnl è che ognuno di noi abbia all'interno di sé la chiave del successo. I pensieri, i gesti e le parole possono interagire al fine di creare una condizione mentale che ci conduca a raggiungere i risultati.

Sostanzialmente la PNL indirizza la persona a sviluppare sensazioni, in sé e negli altri, che amplifichino condizioni interne ed esterne che ci consentano di concretizzare i nostri obiettivi. Si tratta di libri interessanti ma scritti prevalentemente con terminologie molto tecniche pertanto se ti interessa la PNL cerca un libro che sia sufficientemente chiaro e non si perda in paroloni o eccessive catalogazioni.

Giorno 6. Come Prevedere gli Imprevisti con la Tecnica del Semaforo

1) Questa tecnica è simile ad andare in bicicletta. Più la usi e più ti diverrà naturale impiegarla. Come accennavo nel giorno riservatole può anche essere adottata con approcci molto più diretti così come puoi fare freestyling con la tua bicicletta!

L'importante è che tu sia convinto di quello che stai facendo o rischierai di farti male. Non è un problema perché si impara da tutto, anche dalle esperienze negative, però devo essere fortuite e non cercate con uno spirito da kamikaze. Un uso pratico della tecnica diretta lo troviamo in una mia amica che ferma le persone nei centri commerciali chiedendo alle persone di inviare un sms, al costo di un euro, a favore di un ente benefico. Semaforo Verde: "Grazie e buona giornata", Semaforo Giallo: "Non abbia dei dubbi, a tutti diamo anche l'opuscolo e il sito internet per controllare quanti soldi vengono raccolti e dove vengono destinati", Semaforo Rosso: "Non ha visto il cartello informativo? Se dona un SMS noi raddoppiamo l'offerta con un Sms di pari valore!" .

Poiché la mia amica è benestante questo è il suo particolare metodo di fare beneficenza e ti posso assicurare che i suoi approcci sono migliorati moltissimo rispetto a quando fermava i clienti illustrando da subito il raddoppio dell'offerta e rispondeva ai Semafori Rossi con: "Grazie lo stesso"! È solo un ulteriore esempio, trova le tue particolari applicazioni!

2) La Tecnica del Semaforo non deve diventare una pianificazione mentale per accrescere la scaltrezza. Se pensi di pianificare uno stratagemma per ottenere qualcosa maneggiando una persona o più persone stai semplicemente "macchinando un inganno". E tutto il tuo essere ti tradirà. Se al contrario la usi per evitare di essere colto in imbarazzo o impreparato allora riuscirai a ottenere il massimo del risultato!

Giorno 7: Come Creare e Preservare il Comfort

1) Puoi toccare per creare comfort immediato. Ad esempio se vedi un amico in difficoltà con qualcuno che lo sovrasta mentalmente oppure quando è giù di morale prova a toccarlo mentre parli. Il contatto fisico crea comfort perché comunichi "sono qui con te".

2) Non sottovalutare mai la potenza dei giochi perché ci stimolano ad agire scaricandoci dello stress. È oramai prassi comune nelle aziende impiegare nuove tecniche per la formazione del personale.

Consiste in giochi creativi che simulano l'approdo su di un'isola deserta sulla quale saranno prese le decisioni per organizzare se stessi e gli altri. È un modo divertente per valutare le capacità di ogni partecipante senza limitarsi ai freddi questionari. E crea comfort tra i partecipanti e l'esaminatore.

3) Approcciare gli sconosciuti non serve solo a salvaguardare il tuo comfort ma anche ad aprirti a nuove e interessanti conoscenze. Se ti limiti a parlare con le persone che puoi conoscere tramite gli amici quante persone entreranno in contatto con te durante la tua vita? Esagerando direi un migliaio. Ma se ti diverti ad ampliare le tue conoscenze? Decine di migliaia! Vale la pena fare il tentativo no?

4) Quando stai difendendo il tuo comfort con le autorità devi essere sempre tranquillo ma risoluto. Non solo otterrai il loro rispetto ma ti differenzierai dalla moltitudine di persone che si agitano e perdono il controllo. Per loro tu rappresenti una novità al contrario di tutti gli altri che hanno comportamenti che loro sanno controllare con scioltezza in quanto sono parte della loro quotidianità.

5) Le belle donne sono solite lanciare dei test agli uomini. Serve loro per selezionare i migliori perché non vogliono affidarsi a uomini comuni senza personalità. Quando preservi la tua essenza dai loro attacchi stai in realtà rispondendo positivamente alla loro verifica. A questo punto non girare sui tacchi e andartene pensando "ho vinto!" ma rimani a "riscuotere il premio". Non ha importanza se vuoi stabilire un rapporto intimo oppure di semplice conoscenza. Da quel momento in poi la strada sarà in discesa, basterà che tu mantenga il tuo nuovo stile Vincente.

Ho concluso questo manuale con le belle donne! C'era un metodo migliore? Direi proprio di no!

Ti rinnovo i miei auguri per la tua nuova e buona Vita!

www.ingramcontent.com/pod-product-compliance
Ingram Content Group UK Ltd.
Pitfield, Milton Keynes, MK11 3LW, UK
UKHW022022190726
13853UKWH00005B/2069